# Berliner Manual

zur Selbsteinschätzung von fachlichen IT-Kompetenzen

# Berliner Manual

## zur Selbsteinschätzung von

## fachlichen IT-Kompetenzen

*Assessment & Evaluation von Themen, Vokabeln und
Qualifizierungsbedarf im Fachbereich Informatik*

**Impressum**

**Berliner Manual:** Berliner Manual zur Selbsteinschätzung von fachlichen IT-Kompetenzen - Assessment & Evaluation von Themen, Vokabeln und Qualifizierungsbedarf im Fachbereich Informatik, Norderstedt 2024,

ISBN 9783758371004.

Herstellung und Verlag: BoD – Books on Demand, Norderstedt.
2024 - © Projekt Berliner Manual.
Umschlagbild: KI-generierte Abbildung.
Bibliographische Hinweise unter: https://portal.dnb.de.

# Berliner Manual

# zur Selbsteinschätzung von fachlichen IT-Kompetenzen

Assessment & Evaluation von Themen, Vokabeln und Qualifizierungsbedarf

im Fachbereich Informatik

Die kontinuierliche Weiterentwicklung in der Informationstechnologie (IT) erfordert ständige Verbesserung und Aktualisierung der Fachkompetenzen. Das Berliner Manual bietet eine effektive Methode zur Selbsteinschätzung und Bewertung der IT-Kompetenzen.

In der dynamischen Welt der IT ist es daher unerlässlich, ständig und umfassend auf dem Laufenden zu bleiben. Die Fähigkeit, sich selbst einzuschätzen und zu verstehen, wo Verbesserungen erforderlich sind, ist von entscheidender Bedeutung. Das Berliner Manual ist ein mögliches Werkzeug, das auf der Grundlage von Themen und Begriffen aus der IT eine Selbsteinschätzung quasi zur IT-Fitness ermöglicht.

EINLEITUNG

Wer im Bereich der Informatik lernt, lehrt und arbeitet, kennt die Halbwertszeit des Wissens insbesondere. Gerade weil sich im Bereich der IT und EDV das Wissen rasant erneuert, ist es nicht nur erforderlich, in einzelnen Bereichen exemplarische Kenntnisse zu haben oder sich nur abstrakte Lern-Kenntnisse auf einer Meta-Ebene anzueignen, um zu wissen, wie man sich Wissen im Bedarfsfall erschließen kann.

Es ist stattdessen, wie in jedem Fachbereich, erforderlich, dass man zumindest einen optimalen Grundkonsens an Themen und auch Begriffen aus der Informatik erlernt hat, um verschiedenste Aufgaben- und Fragestellungen bearbeiten zu können.

Es kommt also nicht nur darauf an, zu wissen, in welchem Schrank weiteres Wissen nachgeschlagen werden kann, welche Online-Ressourcen einen Überblick über bestimmte fachliche IT-Sachverhalte geben können oder in welchen Manualen von Applikations-Lieferanten konkret Aufschluss gegeben wird.

Um dieses abbilden zu können, ist ein optimaler Grundstock an fachlichen Themen und Begriffen bereits in der Ausbildung zum Informatik-Lehrer bzw. einer EDV-Fachkraft von Relevanz. Nur dann können Themen vernetzt und Aktualisierungen und neue Themen integriert werden.

Dazu sollen Themen und Begriffe von Lexika und Glossaren aufgegriffen und deren mögliche Fragestellungen für eine Aufgaben- und Themenstellung bzw. Recherche einbezogen werden: Nimmt man sich also ein aktuelles Lexikon zur Informatik und EDV zur Hand, mögen darin ein, zwei Tausend Stichworte und Sachverhalte beschrieben sein.

Insbesondere Lehrende im Bereich EDV & IT erwarten nach Durchlaufen einer intensiven Fach- bzw. Hochschulausbildung, dass sie wie bei einem Vokabeltest zu mehr als 1000 Stichworten inhaltlich referieren können.

Denn die Anforderungen an das Lehrpersonal im Bereich IT sind später nicht gering, kommen neben den fachlich zu erlernenden Kompetenzen noch die Vermittlung von Sozialkompetenzen, methodischen Kompetenzen und auch Handlungskompetenzen an die Lernenden hinzu – mit unterschiedlichen und in einer Bandbreite variierenden didaktischen Vorgehensweisen.

Die Curricula für die Ausbildung von Schülern im Bereich der Informatik in den sechzehn unterschiedlichen Ländern Deutschlands decken Themenbereiche ab, bleiben jedoch in vielen Punkten abstrakt und allgemein. Schüler haben oft auch keinen Überblick über die im Lehrplan und im Curriculum vorgegebenen, zukünftig noch anstehenden Themen und Lehrinhalte, die bei nur kurzer Fokussierung oder gar Stundenausfall quasi unter den Tisch fallen oder nicht vertieft werden können.

Schaut man sich Curricula und Lehrpläne unterschiedlicher Länder an, klingen sie im Wortlaut ähnlich, aber bleiben schwammig und abstrakt.

Neben Curricula und Fachbüchern, die sich kontinuierlich aktualisieren und konkretisieren, sollte insbesondere auch in einem Projekt deren Harmonisierung auf konkreter Aufgaben- und Unterrichtsmaterial-Ebene erfolgen.

Wer oder was konkret wird, mag morgen schon veraltet sein? - den Änderungsdienst kann auch kein einem Ministerium angegliedertes Schulentwicklungsinstitut leisten, wird oft als Argument genannt. Und die Schulverlage haben mit abstrakten Vorgaben Freiheiten, Themen und Materialien selbst zu aktualisieren als Vorschlag an die Lehrkräfte in der Praxis, die ebenso Freiheiten haben und haben möchten, die Themen kürzer oder moderner oder mit neuen Inhalten zu vermittelt, um auch auf aktuelle Entwicklungen eingehen zu können.

Viele Lehrpersonen haben diesen und „ihren" Fachbereich ja gewählt, weil sie sich dafür interessieren, und sie gleichen aktuell hinzukommende Inhalte der Lehrbücher mit veränderten Curricula sowie mit ihrem eigenen erlernten Wissensschatz im Einklang mit selbstmotivierenden Interessen ab, um auch neue und interessante Themen schwerpunktmäßig zu aktualisieren und zu vertiefen.

All diese vier Bereiche (Curricula, Lehrbücher, eigenes Wissen und aktuelle Materialien und Themen aus allgemeineren Quellen) werden bei jeder Lehrperson und in jedem Bundesland, an jeder Schule, Hochschule, Fachschaft und auch einem Schulbuchverlag kontinuierlich aktualisiert.

Diese Freiheiten bei jedem Akteur haben sich also etabliert und sind gut, sind sie doch zugleich Schlupflöcher für fehlende Innovation und Aktualisierungen sowie Vernetzungen der Themen in der Bandbreite. Heißt aber auch: Das System ist in gewisser Weise volatil und nicht treffsicher und kann auch aus dem Schritt geraten – individuell wie in der Summe aller.

Die föderale Struktur in Deutschland und der gemeinsame Vergleich von Curricula aller Bundesländer sowie die Arbeit daran, kann Unterschiede erzeugen und auch nivellieren.

Es ist durchaus feststellbar, dass einige Länder im Informatik-Unterricht das Schreiben von Quellcode oder das Programmieren und Kompilieren einer App vorsehen. Andere Länder sehen dieses nicht so „mandatory" – zwingend vorgegeben. Auch mögen dann Aktualisierungen unterschiedlich schnell in das Interesse der Akteure fallen, wenn es beispielsweise darum geht, dass die gängigen Programmiersprachen genannt und erlernt werden: Als Google die Programmiersprache „Flutter" veröffentlichte – sie ist deshalb so interessant, weil sie die Programmierung von Apps für IOS und Android als Cross-Kompilierung mit nur einer Code-Basis ermöglichte, wurde es hier interessant, zu sehen, wie dieses Aufmerksamkeit bei Lehrkräften erzeugt und wie weitere Steakholder im Curriculums-Plan die Inhalte aktualisieren, so dass am Ende auch Schüler die Programmierung einer App mit Flutter erlernt haben, da die Berufswelt heute Flutter-Kompetenzen erfordern mag.

Es ist anzunehmen, dass bis dato nur sehr wenige Schüler und Studierende im Lehramt nach Durchlaufen der Ausbildung eine Applikation in Flutter programmieren können.

So versucht auch die hochschulbezogene Ausbildung von Lehrenden im Bereich der Informatik, all solchen Beispielen gerecht zu werden. Hier ist ein weiterer Dreh- und Angelpunkt - neben der Anpassung der Curricula um konkretere Themen - gegeben, um die Ausbildung im Bereich der IT strategisch bei den späteren Multiplikatoren, den Informatik-Lehrern, zu steuern in Richtung enzyklopädisch umfassender Themen und Inhalte.

Eine fundierte Ausbildung aller, nicht nur der lehrenden Multiplikatoren im späteren Informatik-Unterricht an Schule und Hochschule, beginnt mit den Grundbegriffen und relevanten Themen des Fachbereiches der Informatik und elektronischen Datenverarbeitung, die heute auch nicht mehr auf den Fachbereich der Kryptographie verzichten kann.

Curricula, Fachbücher, erlerntes Wissen bei den Lehrpersonen und Materialien aus weiteren Nachrichtenquellen aktualisieren sich im Bereich der Informatik, Datenverarbeitung und Kryptographie kontinuierlich. Und Lehrkräfte werden im besten Fall damit versorgt oder sind selbst à jour und breit aufgestellt.

Lernende haben oft zu Beginn keinen vollständigen Überblick über einen Lehrplan und welche Themen und Aufgabenstellungen sie in der weiteren Ausbildung noch erwarten.

Aktualisierungen, Überblicks-Kenntnisse zum Lehrplan, das Herstellen von Kontextbezügen und Überprüfungen des Wissens auf Seite der Lernenden sind daher eine ebenso zentrale Perspektive: Neben dem „Senden" von Informationen wie Wissen, Erfahrungen und Kompetenzen ist auch auf der „Empfängerseite" - bei den Lernenden - schon frühzeitig im Lernprozess eines Informatikunterrichts ein Überblick über die Inhalte herzustellen und der Lernstand zu überprüfen. Statt auf diese „Sende-Impulse" gemäß vorgegebener Lehrpläne zu schauen, will das vorliegende Manual eine Option bieten, wie Empfänger der Lerninhalte eine umfassende Lernbreite im Bereich der Informatik, Datenverarbeitung und Kryptographie selbst einschätzen.

Im vorliegenden Berliner Manual wird dieses durch quasi einen Themen-, Begriffe- und Vokabel-Test zur Selbsteinschätzung durch Lernende ermöglicht: Das Manual basiert auf über 1100 Themen und Begriffe üblicher IT-Lexika bzw. Glossare mit entsprechenden Themen, Übungen und Aufgaben sowie Fragestellungen.

Eine Bedarfs- sowie Kompetenz-Einschätzung auf Basis einer umfassenden Bandbreite an IT-Begriffen bei den Lernenden quasi enzyklopädisch vorzunehmen ist ein Perspektivenwechsel: Es ist eine Lernstandserhebung, die sich nicht nur an Curricula, verlagsseitigen Lehrbüchern, Systematiken und inhaltlichen Strukturen oder historischen Ableitungen allein orientiert, sondern an einer Bandbreite an lexikalischen Begriffen und Themen.

Dieses hat auch Effekte auf die Lehrenden - nämlich schon in der Ausbildung von Informatik-Lehrenden. Auch sie können mit dem vorliegenden Manual ihre fachlichen IT-Kompetenzen einschätzen: Manche ausgebildete oder sich in Ausbildung befindende Lehrpersonen bzw. auch Lernende in schulischer und betrieblicher Ausbildung werden in einer Selbstbewertung von den über 1100 Fragestellungen dieses Bandes vielleicht 350, 600 oder auch mehr als 800 beantworten können bzw. einen Handlungs- oder Recherche-Plan dazu haben?

Ob so eine Selbsteinschätzung als Assessment für Lernende und Lehrende einmal schulisch oder hochschulbezogen auch über eine größere Gruppe durchgeführt wird, mag die Zukunft zeigen. Zunächst ist das Berliner Manual in Version 0.1 ein erster Versuch, Begriffe, Themen und Fragestellungen durch IT-Interessierte selbst einschätzen zu können. Es geht erstmal um die eigene IT-Fitness von Lehrenden und Lernenden. Das Manual ist von einer Fremdbewertung, die quasi einem Vokalbeltest nahekäme, noch weit entfernt.

Eine Selbsteinschätzung ist zudem wie ein Quiz oder Kreuzworträtsel gedacht und kann mit Interesse, Spaß und Motivation durchgeführt werden: dabei kann jeder erst einmal für sich selbst profitieren - denn es ist in diesem Heft bei jedem Abfragepunkt zu kennzeichnen: „Das kann ich", oder: „davon habe ich schonmal gehört", oder: „das ist mir neu: ich würde dazu gerne das Wissen etwas vertiefen und lernen." – Was sollte mehr als eine Idee, Anregung und gefördertes Interesse dabei herauskommen?

Somit ist das Lernen von Vokabeln und Grundbegriffen in Kombination mit der Vernetzung und einem Sich-Erschließen der Inhalte der relevanten Themen in der IT nicht zu vernachlässigen: Wieviel Prozent Lexikon kann also ein Lernender?

Wir haben uns daher aktuelle Lexika der Informatik, Datenverarbeitung und Kryptographie angesehen und die dort enthaltenen Stichworte, Themen sowie Übungsaufgaben und Fragestellungen übernommen, mit dem Ziel, daraus quasi einen Vokabeltest, ein Assessment zur Selbsteinschätzung der fachlichen IT-Kompetenzen von Personen zu erstellen, die in der IT ausgebildet werden oder wurden. Auch bereits Lehrende im Bereich des Informatikunterrichts können dieses Manual für sich anwenden.

Was wäre verkehrt daran, zu prüfen, wie viel Prozent der Themen und Vokabeln eines IT-Lexikons bekannt und inhaltlich auch in Ansätzen vertieft präsent sind, so dass dazu zumindest eine kurze Einschätzung oder ein Kurzreferat seitens des bestehenden und zukünftigen Lehrpersonals umgesetzt werden könnte?

Mit dieser Idee ist das Berliner Manual für den Fachbereich Informatik entstanden und es seien dazu folgende weitere Abschnitte kurz erläutert:

METHODE ZUR ERSTELLUNG DIESES BERLINER IT-MANUALS

Wir haben also Lexika zur Informatik, Datenverarbeitung und auch Kryptographie mit ihren Stichwort-Referatsthemen einfließen lassen, um daraus das hier vorgestellte Berliner IT-Manual zu erstellen. Es ist anzunehmen, dass mit aus zahlreichen Quellen wie Lexika, Fachbüchern, Glossaren und Begriffserläuterungen in weiteren Publikationen sowie dem Abgleich der Anforderungen der Curricula bei der Anzahl der Themen und Stichworte eine ausreichende Deckung besteht, um die wenigen Informatik-Unterrichtstunden, die Lehrpersonen derzeit noch nicht im Status eine Pflichtfaches adäquat durchführen, abbilden zu können. Sollten Fragestellungen, Themen und Stichworte fehlen, kann ein Manual V.02 diese integrieren.

ZIEL DER ERSTELLUNG DES IT-MANUALS

Das Ziel zur Erstellung des vorliegenden Berliner IT-Manuals ist quasi einen Themen-Kanon und Vokabel-Test in Selbstbewertung der Grundbegriffe der

Informatik, Datenverarbeitung und der damit verbundenen Kryptographie vorzulegen, mit denen Lehrkräfte wie auch Lernende nicht nur weiter lernen können, Wissen verbreitern und vertiefen können, sondern auch eine Einschätzung für sich erhalten können, wie ihr Lernstand dazu ist.

## METHODE SELBSTEINSCHÄTZUNG

Die Methode des vorgelegten Berliner IT-Manuals ist die einer Selbstbewertung und Selbsteinschätzung. Indem verschiedene Stichworte und Themen vorgegeben werden, exemplarische Übungsfragestellungen aufgegriffen werden, kann der Lesende eine Einschätzung und Gefühl für sich gewinnen, inwieweit man selbst zu einer Übungs-Frage, einem Begriff, einem Themenfeld etwas sagen könnte, oder gar eine bessere Überlegung hat, wie man das Thema Lernenden besser vermitteln kann, welche Materialien man dazu einsetzen will, ob man diese Kenntnisse schon hat, inhaltlich dazu noch suchen will, oder ggf. darauf vertraut diese in einem Lehrbuch zu finden.

## ANTWORTSKALA

Die Antwortskala zu jedem Stichwort, Thema bzw. Übungsaufgabe hat drei Ausprägungen. Erstens: in dem Thema fühle ich mich sicher. Zweitens: Das Thema habe ich als Begriff schonmal gehört, und bin zuversichtlich, es mit bestehenden Materialien zügig aufarbeiten zu können. Sowie Drittens: Das Thema ist neu und innovativ für mich, ich kann dazu noch wenig berichten und will dazu erstmal eine tiefergehende Recherche und Lernphase umsetzen.

Die Skala ist daher mit folgenden drei graphischen Symbolen gekennzeichnet:

*Daumen hoch:* **KANN ICH & KENNE ICH**

Zu diesem Thema und Begriff kann ich aus dem Stegreif referieren und werde auch die Fragstellung lösen können. Ich kann das machen! Ich weiß, wie ich vorgehen werde, was ich ausarbeiten möchte, und kenne die Inhalte. Ich bin bereit, hierzu weiter vorzugehen.

*Symbol:* gefüllter und sich drehender Kreis/Ventilator.

| ○ | *Daumen waagerecht:* **VERTIEFE ICH**<br><br>Zu diesem Thema und Begriff habe ich schonmal etwas gehört, müsste die Inhalte aber viertiefen, um Inhalte dazu erläutern zu können oder gar eine spezifische Fragestellung beantworten zu können. Ich habe also eine ungefähre Vorstellung zu diesem Themenkomplex bzw. dieser Aufgabe und bin schon fast da, dass ich weiß, wie ich vorgehen werde oder was ich dazu sagen kann. Ich könnte dazu ggf. noch etwas zusätzliche Hilfe oder Praxisanleitung als Vertiefung gebrauchen.<br><br>*Symbol:* Zu füllender Kreis. |
| ↗ | *Beide Zeigefinder hoch:* **DAS IST NEU**<br>**– ICH LERNE & RECHERCHIERE NOCH DAZU**<br><br>Dieses Thema, dieser Begriff und diese Fragestellung sagen mir nicht viel - es sind neue Inhalte, die ich mir erst noch erschließen will. Hiervon verstehe ich also nichts und wüsste auch nicht, wie ich vorgehen sollte. Ich muss mehr Arbeit und Lernen in diesen für mich neuen Bereich stecken, um dieses Thema bzw. diese Aufgabenstellung anzugehen.<br><br>*Symbol:* Look-up – Zeigefinger hoch, ich will dazu etwas fragen. |

Wer die über elfhundert Themen, Begriffe und Übungsfragen im Folgenden durchgeht, kann mit einem Stift zu jedem Item eine Einschätzung mit Hilfe der genannten Skala abgeben, wie der eigene Kenntnis- und Wissensstand eingeschätzt wird.

## ERGEBNISAUFBEREITUNG

Nach Durchführung dieses Themen- und Vokabeltests der Informatik mit dem vorliegenden Berliner IT-Manual wird die Anzahl der schwarz markierten Punkte – also die Items, die mit „Kenn ich und kann ich zu referieren" umkringelt wurden, zusammengezählt. Eine Person mag 100, die andere 600 oder gar 900 Punkte erzielen. Was sagt das über die Lernstände und die Lernpläne und Lernbedingungen aus? In jedem Fall wird es inhaltliche Anregungen geben.

## VERGLEICH VON ERGEBNISSEN

Der Vergleich von Ergebnissen unterschiedlicher Personen mag interessant sein: Es ist aufgrund der Selbstbewertungs-Eigenschaft ein einfacher Check, wie weit bin ich schon, welche Themen schlägt mir das IT-Manual als weitere Themen vor, wie sind diese Themen in kommenden Lernphasen berücksichtigt bzw. wie will ich diese Themen selbst weiter vertiefen – mit oder ohne einem Lehrplan bzw. einer vorgebenden Lehrperson?

Zugleich wird es Interesse unterschiedlicher Personen, Institutionen und Länder sein, mögliche Erkenntnisgewinne aus der Durchführung des Berliner IT-Manuals auch in die eigenen Prozesse einzubeziehen.

## SAMMLUNG VON SELBSTBEWERTUNGEN ALS GRUPPENERGEBNIS

Wer über eine Gruppe mehrere Ergebnisse einer Selbstbewertung sammelt, beispielsweise indem ein Klassen-Lehrer einer Klasse das Berliner IT-Manual durchführen lässt und mit einer Klasse eines vorherigen Jahrgangs vergleicht, oder ein IT-Lehrer das Team derjenigen, die Informatik als Schwerpunkt wählten, einbezieht einmal zu Beginn des Unterrichts und nach Abschluss des Lehrplanes nochmals. Wie hat sich im Mittel die Quote der bekannten Themen und Stichworten, zu denen man nach Selbsteinschätzung etwas sagen kann, verändert (wohlwissend um den Bias, dass mit der erstmaligen Durchführung des Manuals die Themen ja auch schon bekannt gegeben wurden und neue Begriffe ggf. auch dadurch schon geringer wurden).

Wer zu Beginn einer Ausbildung dieses IT-Manual durchführt, setzt zudem Themenfelder, die sich in der Folgezeit quasi wie von selbst füllen können, wenn Informationen dazu im Zeitverlauf „kognitiv eingeordnet" werden können.

Es ist daher nie verkehrt, zu Beginn des Lernens einen Überblick zu geben, welche Themen zukünftig noch alle relevant werden – Und welche wären das, wenn nicht die, die in einem Lexikon stehen?

INITIIERTE ANWENDUNG DES MANUALS

Wer das Manual in den Händen hält, wird für sich eine Selbsterkenntnis gewinnen. Ziel kann es aber auch von Lehrpersonen und Multiplikatoren des Wissens sein, andere anzuregen, eine Selbstbewertung im Verbund mit weiteren Lernenden durchzuführen, und die Ergebnisse für weitere Forschungen und Entwicklungen zur Verfügung zu stellen.

Welchen Durchschnitt an „lerne"-, „kenn"- und „kann ich"-Punkten erreichen unterschiedliche Jahrgangsstufen, unterschiedliche Ausbildungsstätten unterschiedliche Länder?

ANPASSUNGEN UND AKTUALISIERUNGEN

Das Manual wird hier mit lexikalischen Themenstichworten zur Informatik, Datenverarbeitung und Kryptographie vorgelegt. Lexika erläutern jeweilige Begriffe und bieten oft Übungs-Fragestellung zu jedem Thema an. Diese wird hier nur exemplarisch dargestellt, da sie eine Anregung für den Lehrenden darstellt und die Fragestellung pro Begriff, Thema bzw. Item des Manuals kann jederzeit durch eine angepasstere Übungsfrage ersetzt werden.

Das vorliegende Berliner IT-Manual ist daher aus Lexika mit Übungsfragestellungen übernommen worden in Version 01. Wer sich wissenschaftlich in Forschung und Entwicklung sowie pädagogischer Praxis weiter damit beschäftigt, wird sicherlich auch Aktualisierungen der Fragestellung bzw. Einbindungen des jeweiligen Begriffes und des Themas finden und vorschlagen bzw. weiter ausarbeiten können. Eine Version 2.0 des Manuals kann daher in entsprechenden Bearbeitungen vorgeschlagen werden - zumal die Lizenz des Manuals gemeinfrei ist, beziehungsweise unter der Creative Commons Lizenz steht.

FREMDBEWERTUNGEN

Das Manual ist auf eine Selbstbewertung angelegt. Das Wort kennt als Antonym natürlich auch den Prozess einer Fremdbewertung. Dieses ist bei einem Manual mit über 1000 Fragestellungen zeitlich kaum durchzuführen, als Lehrer eine Fremd-Einschätzung abzugeben, zu welchen Themen mit welchem zufriedenstellenden

Ergebnis der Lernende ein paar Aussagen und Erläuterungen geben kann. Es wäre nach einer Selbstbewertung ggf. möglich, zehn Themenfelder kurz stichprobenartig per Zufallsauswahl zu überprüfen, zu denen der Lernende selbst eine Einschätzung hat: „Das kenne ich und zu dem Thema kann ich etwas mitteilen". Oder es gibt eine schriftliche Übungsaufgabe seitens des Lehrers, dass Schüler aus zehn Items des Manuals mindestens drei erläutern.

ZUKÜNFTIGES ARBEITEN MIT DEM IT-MANUAL

Es wird ggf. einige Bereiche geben, in denen so ein Manual sinnvoll ist und überlegt werden kann, zu welchen Ergebnissen und zu welchen Veränderungen von Ausbildung und Lehrplänen, Materialien und Übungsaufgaben es beitragen kann.

Zudem wird aus jeder individuellen Sicht eine Entwicklungsperspektive eingebracht werden können, das IT-Manual auch weiterzuentwickeln und für Einsatzzwecke beschreiben oder anpassen zu können.

Es bietet damit nicht nur ein IT-fachliches Kennen und Können ab in der Selbstbewertung, es kann zu einem grundsätzlichen Thema und Gegenstand der Didaktik und Pädagogik werden, welche Einflüsse es auf das Lernen und die Lernstrukturen unter welchen Umständen und Einsatzmöglichkeiten sowie Anpassungen aufgrund welcher Auswertungsergebnisse haben kann oder hat.

- Macht es Sinn, zu Beginn des Lernens einen Kanon an Themen und Begriffen vorzustellen?
- Macht es Sinn, die eigene Ausbildung an den Grundbegriffen einen Lexikons zu „matchen"?
- Macht es Sinn für die pädagogische Praxis, sich an über 1000 didaktischen Übungsaufgaben als Lehrperson Anregungen zu holen, welche Fragestellungen an Lernende adressiert werden könnten?
- Macht es Sinn, die Curricula konkreter und aktueller anzupassen an die Grundbegriffe eines modernen, lexikalischen Kanons zur Informatik, Datenverarbeitung und Kryptographie?
- Macht es Sinn für eine hochschulbezogene Ausbildungsstätte, die eigenen Inhalte und Prozesse anhand eines Manuals durch die Lernenden selbstbewerten zu lassen, die Ergebnisse zu bündeln und auf die Lehrinstitution und deren Lernthemen sowie deren Ausführlichkeit und konkrete didaktische Herangehensweise rückzubeziehen?

- Macht es Sinn, organisations- und länderübergreifend zu vergleichen, welche vergleichbaren Curricula welche konkreten Themen mit einem Schwerpunkt versehen?
- Macht es Sinn als Studierender in der Didaktik die Chancen und Risiken, Stärken und Schwächen dieses Berliner Manuals zu diskutieren und, wenn man Verbesserungspotentiale erkennt, damit das Manual zu aktualisieren als hochschulbezogene Arbeit vorzustellen?
- Macht es Sinn, als Lernender in der IT, sich selbst einen Überblick an möglichen Interessen, Schwerpunktthemen sowie Weiterbildungsthemen in einer Selbstbewertung zu verschaffen?

Als Anlage sind die über 1000 Fragen, Themen und Begriffe genannt, mit denen jeder nun selbst am Papier markieren kann, wie sicher er sich in der Ausführung von ein paar Erläuterungen dazu fühlt und damit potentiell auch einen Unterricht gestalten könnte bzw. die Fragen der Lernenden beantworten kann.

Schließlich ist anzunehmen, dass auch Lernende sich mit Lexika einen Überblick über die Themen der Informatik verschaffen werden – eine Lernstanderhebung also auch durch die Bandbreite lexikalischer Begriffe abgedeckt werden kann, sollte - und muss.

# Berliner IT-Manual

Die Antwortskala zu jedem Stichwort, Thema und Übungsaufgabe hat drei Ausprägungen. Erstens: in dem Thema fühle ich mich sicher. Zweitens: Das Thema habe ich als Begriff schonmal gehört, und bin zuversichtlich, es mit bestehenden Materialien zügig aufarbeiten zu können. Sowie Drittens: Das Thema ist neu und innovativ für mich, ich kann dazu noch wenig berichten und will dazu erstmal eine tiefergehende Recherche umsetzen.

Die Skala ist daher mit folgenden drei graphischen Symbolen gekennzeichnet:

| | |
|---|---|
|  | *Daumen hoch:* **KANN ICH & KENNE ICH**<br><br>Zu diesem Thema und Begriff kann ich aus dem Stegreif referieren und werde auch die Fragstellung lösen können. Ich kann das machen! Ich weiß, wie ich vorgehen werde, was ich ausarbeiten möchte, und kenne die Inhalte. Ich bin bereit, hierzu weiter vorzugehen.<br><br>*Symbol:* gefüllter und sich drehender Kreis/Ventilator. |
| ○ | *Daumen waagerecht:* **VERTIEFE ICH**<br><br>Zu diesem Thema und Begriff habe ich schonmal etwas gehört, müsste die Inhalte aber viertiefen, um Inhalte dazu erläutern zu können oder gar eine spezifische Fragestellung beantworten zu können. Ich habe also eine ungefähre Vorstellung zu diesem Themenkomplex bzw. dieser Aufgabe und bin schon fast da, dass ich weiß, wie ich vorgehen werde oder was ich dazu sagen kann. Ich könnte dazu ggf. noch etwas zusätzliche Hilfe oder Praxisanleitung als Vertiefung gebrauchen.<br><br>*Symbol:* Zu füllender Kreis. |

<table>
<tr><td>↗</td><td>

*Beide Zeigefinder hoch:* **DAS IST NEU – ICH LERNE & RECHERCHIERE NOCH DAZU**

Dieses Thema, dieser Begriff und diese Fragestellung sagen mir nicht viel - es sind neue Inhalte, die ich mir erst noch erschließen will. Hiervon verstehe ich also nichts und wüsste auch nicht, wie ich vorgehen sollte. Ich muss mehr Arbeit und Lernen in diesen für mich neuen Bereich stecken, um dieses Thema bzw. diese Aufgabenstellung anzugehen.

*Symbol:* Look-up – Zeigefinger hoch, ich will dazu etwas fragen.

</td></tr>
</table>

Wer die über elfhundert Themen, Begriffe und Übungsfragen im Folgenden durchgeht, kann mit einem Stift zu jedem Item eine Einschätzung abgeben und markieren, wie der eigene Kenntnis- und Wissensstand selbst eingeschätzt wird: Bitte das entsprechende Symbol jeweils „umkringeln" und am Ende auszählen.

| 0001 | ✪ | In welchem Jahr erschien das Buch zur Totalen Überwachung "Permanent Record" von Edward Snoden, um was geht es darin und welche Parallelen lassen sich zur Totalen Überwachung bei 1984 finden?<br>1984 - George Orwell | ○ ↗ |

| 0002 | ✪ | Bildet zu zweit ein gemeinsames Passwort über das Zwei-Wege-Calling.<br>2-Wege-Calling | ○ ↗ |

| 0003 | ✪ | Hausaufgabe: Stelle eine Lösung mit Deiner Familie auf einem Schachbrett dar und bringe Eure Lösung als graphische Zeichnung zur nächsten Besprechung mit.<br>8-Damen-Problem | ○ ↗ |

| 0004 | ✪ | Addiere von diesen Firmen die Anzahl der Beschäftigten und deren Umsätze und bilde einen aktuellen Durchschnitts-Quotienten Umsatz pro Mitarbeiter. Vergleiche diesen mit einem lokal ansässigen Unternehmen.<br>AAMAM | ○ ↗ |

| 0005 | ✪ | Erstelle im Kunst-Unterricht einen Abakus: Wie viele Kugeln musst Du einkaufen?<br>Abakus | ○ ↗ |

| 0006 | ✪ | Diskutiere das Für und Wider eines Rankings von Schülern einer Schulklasse durch Noten, die sie in A (Noten 1+2), B (Noten 2+3) und C (Noten 4-5) unterteilen. Welche Alternativen bestehen zur ABC-Einsortierung?<br>ABC-Analyse | ○ ↗ |

| 0007 | ✪ | Beschreibe eine Kopplung anhand einer konkreten Software.<br>Abhängigkeit | ○ ↗ |

| 0008 | Erläutere zwei verschiedene Abhörschutz-Einrichtungen und erläutere die Grafik mit Deinen Vermutungen, warum Kardinäle Besprechungsräume abgehört haben?<br>Abhören | ○ ↗ |

| 0009 | Definiere mit Deiner Gruppe, wie ein Toast inkl. Belag gefertigt wird. Vergleiche die Ergebnisse anderer Gruppen anhand der Ablaufpläne bzw. Flussdiagramme.<br>Ablaufplan | ○ ↗ |

| 0010 | Erstelle eine Zugangsliste für die Einangstüre einer Schule. Wie könnte sie differenziert werden?<br>Access Control List | ○ ↗ |

| 0011 | Finde und zähle die physischen Access-Points in der Schule.<br>Access Point | ○ ↗ |

| 0012 | Lege einen Nutzer-Account in der Server-Software der Applikation Spot-On an.<br>Account | ○ ↗ |

| 0013 | Beschreibe eine Dialog-Situation, in der Freunde das Feedback "Full ACK" geben. Über was haben sie sich unterhalten?<br>Acknowledge | ○ ↗ |

| 00014 | Recherchiere die Ausgestaltungsmöglichkeiten des AD von Microsoft. Was wird darin eingegeben?<br>Active Directory | ○ ↗ |

| 0015 | Erläutere das Adaptive Echo anhand des Märchens Hänsel und Gretel.<br>Adaptive Echo | ○ ↗ |

| 0016 | Welche Software um Werbung zu blocken kann aktuell genutzt werden? Welche Webseiten erkennen dieses?<br>AdBlock | ○ ↗ |

| 0017 | Benenne und beschreibe die weiteren Funktionselemente bei einem AES.<br>AddRoundKey |
| 0018 | Beschreibe die erforderlichen sozialen Kompetenzen, die ein Server-Admin benötigt, wenn er Kunden Zugang zu einem Chat-Server ermöglichen soll.<br>Administrator |
| 0019 | Wähle und installiere eine freie Grafiksoftware und vergleiche den Umfang der Funktionen mit der Beschreibung von Photoshop.<br>Adobe Photoshop |
| 0020 | Finde Programmiercode, der eine Adressierung enthält.<br>Adressierung |
| 0021 | Welches Download-Portal unterscheidet Freeware von Adware?<br>Adware |
| 0022 | Wie heissen und wie funktionieren die einzelnen Schritte im AES?<br>AES |
| 0023 | Zeichne eine Graphen-Route im Netzwerk mit sechs AE-Token in Knotenpunkten.<br>AE-Token |
| 0024 | Erkläre und begründe, welche Kritische IT besonders kritisch ist.<br>AG KRITIS |
| 0025 | Welche Themen sind Deiner Meinung nach derzeit zu wenig in den Medien. Was könnte man dagegen tun?<br>Agenda-Cutting |

| 0026 | Stelle Vor- und Nachteile agiler gegenüber klassischer Software-Entwicklung gegenüber.<br>Agilität | ○ ↗ |
| 0027 | Bilde ein Akronym, dass ein didaktisches Maßnahmen-Programm für eine geringere Bildschirmzeit bewirbt.<br>Akronym | ○ ↗ |
| 0028 | Warum bezeichnen manche Alexa als Wanze? Und warum ist anderen diese nicht bewusst? Was muss getan werden, um die Risiken besser einzuschätzen?<br>Alexa | ○ ↗ |
| 0029 | Wovon handeln die 12 Algebra Bücher?<br>Algebra | ○ ↗ |
| 0030 | Erstelle einen Schritt-für-Schritt-Ablauf, wie Du mittags Spaghetti kochst. Vergleiche Deinen Ablauf mit dem anderer. Was unterscheidet sich und warum?<br>Algorithmus | ○ ↗ |
| 0031 | Erläutere Zero-Knowledge-Beweise anhand der Ali-Baba-Höhle.<br>Ali Baba Cave | ○ ↗ |
| 0032 | Erläutere, wie Du online heisst und wie Du auf den Alias-Namen gekommen bist.<br>Alias | ○ ↗ |
| 0033 | Welche Rolle kann Malory im Leben von Alice und Bob spielen?<br>Alice and Bob | ○ ↗ |
| 0034 | Vergleiche Meta und Alphabet. Warum haben sich Facebook und Google umbenannt?<br>Alphabet | ○ ↗ |

| 0035 | ✸ | Zeiche grafisch einen historischen Verlauf von Umsatz, Gewinn und Mitarbeiteranzahl von Amazon mit Hilfe einer Tabellenkalkulation.<br>Amazon | ○ | ↗ |
| 0000 | ✸ | Installiere ein alternatives Betriebsssysem mit ADB auf einem Android Handy.<br>Android | ○ | ↗ |
| 0036 | ✸ | Welche Anforderungen muss ein Bildschirm in der schulischen Empfangshalle erfüllen, dessen Software ausfallenden Unterricht anzeigt?<br>Anforderung | ○ | ↗ |
| 0037 | ✸ | Ein Instant Messenger ist fertig programmiert, sagt der Software-Entwickler. Schreibe für ihn ein Backlog über die erfolgten Programmierschritte und definiere die nächsten Anforderungen - was ist noch wichtig zu tun? Diskutiere es in einer Gruppe.<br>Anforderungsanalyse | ○ | ↗ |
| 0038 | ✸ | Erstelle und bespreche eine Grafik zur Verkehrsbilanz in der Nachrichtentheorie mit bekannten Begriffen.<br>Angebot (Nachrichtentechnik) | ○ | ↗ |
| 0039 | ✸ | Definiere Vor- und Nachteile des Lesens einer Raubkopie. Welche ethische Einschätzung ist zu diesem Portal vorzunehmen?<br>Anna's Archive | ○ | ↗ |
| 0040 | ✸ | Was spricht für eine Klarnamenpflicht im Internet? Sammle Situationen, in denen eine Anonymität im Internet sinnvoll sein kann.<br>Anonymität | ○ | ↗ |

| 0041 | 🌀 | Teste die beiden Anmeldeoptionen der Applikation Spot-On aus. Für welche entscheidest Du Dich und warum? Welche Spezifikationen hat Deine gewählte Anmeldungsmethode?<br>Question/Answer Method | ○ ↗ |

| 0042 | 🌀 | Recherchiere die fünf bekanntesten Viren bzw Anti-Viren-Software-Hersteller.<br>Antivirenprogramm | ○ ↗ |

| 0043 | 🌀 | Rufe einen lokalen Anwalt oder sein Sekretariat an: ist das beA nach Ansicht der Kanzlei ausreichend verschlüsselt? Welcher Erfahrungen haben die Gesprachspartner mit Verschlüsselung der Kommunikation mit Mandanten? Führe kurze telefonische Interviews.<br>Anwaltspostfach, besonderes elektronisches | ○ ↗ |

| 0044 | 🌀 | Nenne drei Kommandos aus der BASIC Programmiersprache und erläutere, was die Kommandos tun.<br>Anweisung | ○ ↗ |

| 0045 | 🌀 | Die Anwender sollen für den Umgang mit einer Software geschult werden. Was gibt es bei dem Seminar vorzubereiten? Erstelle einen Plan.<br>Anwender | ○ ↗ |

| 0046 | 🌀 | Welche Besonderheiten haben Derivat-Projekte von Lucene wie Solr oder Nutch?<br>Apache Lucene | ○ ↗ |

| 0047 | 🌀 | Worin unterscheidet sich Subversion von Git?<br>Apache Subversion | ○ ↗ |

| 0048 | 🌀 | Finde einen Messenger, der eine API hat. Was kann man damit machen? Ist ein Messenger ohne API sicherer?<br>API | ○ ↗ |

| 0049 | | Welche App hast nur Du auf dem Smartphone, die kein anderer in der Gruppe installiert hat? Mit welcher Methode findest Du dieses heraus? Erläutere den anderen, welche Verbesserungsvorschläge Du für die App hast.<br>App | ○ | ↗ |
| 0050 | | Welche Maßnahmen unternimmt Apple, um die Sicherheit der Apple-Nutzer zu erhöhen?<br>Apple | ○ | ↗ |
| 0000 | | Was sind die Ziele dieses Arbeitskreises und was hat er bislang erreicht?<br>Arbeitskreis Vorratsdatenspeicherung | ○ | ↗ |
| 0051 | | Wie viel Arbeitsspeicher benötigt ein Raspberry-Pi?<br>Arbeitsspeicher | ○ | ↗ |
| 0052 | | Welche Crypto-Währung nutzt Argon2? Welche anderen Verfahren nutzen andere Crypto-Währungen?<br>Argon2 | ○ | ↗ |
| 0053 | | Wo kann man einen Computer für Debian-ARM bestellen? Hole ein Angebot ein.<br>ARM-Architektur | ○ | ↗ |
| 0054 | | Erläutere, wie Indizes auf Arrays zugreifen.<br>Array (Datentyp) | ○ | ↗ |
| 0055 | | Erläutere die nicht-druckbaren ASCI-Zeichen.<br>ASCII | ○ | ↗ |
| 0056 | | Wer hat den ersten Assembler vorgestellt?<br>Assembler | ○ | ↗ |

| 0057 | Wie schnell und auf wieviel Meter vor einem Hindernis kommt ein Wagen durch ein Notbremssystem zum Stehen? Vergleiche verschiedene Autohersteller, wie sie dieses System darstellen.<br>Assistenzsysteme |
|---|---|

| 0058 | Recherchiere Software, die ephemerale, kurzlebige öffentliche Schlüssel erzeugt.<br>Asymmetrisches Calling |
|---|---|

| 0059 | Mit welchem Mitteln kann man verschlüssete Kommunikation angreifen?<br>Attack |
|---|---|

| 0060 | Recherchiere und erläutere welchen Stellenwert ein Audit dem Bereich von Schulungen zumisst.<br>Audit |
|---|---|

| 0061 | Bei Verkaufsprozessen von welchen Waren wird Augmented Reality gerne eingesetzt?<br>Augmented Reality |
|---|---|

| 0062 | Welches Zertifikat im Bereich der IT könntest Du Dir vorstellen anzustreben?<br>Ausbildung |
|---|---|

| 0063 | Welche authentifizierende Ansätze für ein MAC sind bekannt und worin unterscheiden sie sich?<br>Authenticated Encryption |
|---|---|

| 0064 | Wie wird in der IT eine Echtheitsprüfung umgesetzt?<br>Authentifizierung |
|---|---|

| 0065 | Wird bei Services im Internet, die eine gegenseitige bzw. Zwei-Faktoren-Authentifizierung nutzen, ein Digitalzwang ausgeübt?<br>Authentifizierung, gegenseitige |
|---|---|

| 0066 | | Welche Risiken bestehen, wenn Urheberschaft im Internet nicht festgestellt werden kann?<br>Authentizität | ○ ↗ |

| 0067 | | Nenne Beispiele, in denen eine Abstreitbarkeit der Echtheit gewünscht ist.<br>Authentizität, abstreitbare | ○ ↗ |

| 0068 | | Wie hängt die Funktion AutoCrypt mit den historisch zuvor bestehenden Funktionen Repleo bzw. EPKS zusammen?<br>AutoCrypt | ○ ↗ |

| 0069 | | Welchen Einfluss hatte Stuxnet auf welche Art von Automat?<br>Automat | ○ ↗ |

| 0070 | | Erläutere anhand des Marble-Callings den Prozess eines ANI-ZKP.<br>Automatisierte Interaktionsfreiheit beim Kenntnis-freien Beweis | ○ ↗ |

| 0071 | | Finde und erläutere ein Beispiel, wie Signal-Prozesse die Automatisierungstechnik verbessern können.<br>Automatisierungstechnik | ○ ↗ |

| 0072 | | Wie haben Versicherungen die Schuldensfrage bei einem Crash-Unfall zweier autonom fahrender Autos rechtlich gelöst?<br>Autonomes Fahren | ○ ↗ |

| 0073 | | Warum werden Nutzern am Computer oftmal Zugriffe verwehrt?<br>Autorisierung | ○ ↗ |

| 0074 | | Erstelle mit einem quelloffenen Grafik-Programm einen Avatar für Dich.<br>Avatar | ○ ↗ |

| 0075 | ✹ | Welches Format benötigt für gleiche Qualität mehr Speicherplatz: AVI oder MPEG?<br>AVI | ◯ ↗ |

| 0076 | ✹ | Liste und erkläre alle Services von AWS und teile sie für Privatleute und Unternehmen ein.<br>AWS | ◯ ↗ |

| 0077 | ✹ | Vergleiche Unterschiede und Gemeinsamkeiten der Protokolle BATMAN und Echo.<br>B.A.T.M.A.N. | ◯ ↗ |

| 0078 | ✹ | Diskutiere, ob Telemetrie einen Back-Channel nutzt und wie er gestoppt werden kann.<br>Back Channel | ◯ ↗ |

| 0079 | ✹ | Berechne, wie viel mal der Backbone schneller ist als der DSL-Heimanschluss und vergleiche es mit einem Glasfaseranschluss.<br>Backbone | ◯ ↗ |

| 0080 | ✹ | Recherchiere mögliche ethische Richtlinien, die Backdoors regeln oder verbieten. Was sind die Argumente dazu und wie können Hintertüren bei quell-offener Programmierung ausgeschlossen werden?<br>Backdoor | ◯ ↗ |

| 0081 | ✹ | Welche weiteren Problemlösungsmethoden gibt es neben Backtracking noch?<br>Backtracking | ◯ ↗ |

| 0082 | ✹ | Benenne Deine letzte Datensicherung zuhause mit Datum und Umfang der Daten.<br>Backup | ◯ ↗ |

| 0083 | ✬ | Warum verkettet man Schlüssel, um dann nach Backward Secrecy zu suchen, anstelle gleich Schlüssel-Interdependenzen zu vermeiden oder Lösungen zu nutzen, bei denen Schlüssel erst gar nicht übertragen werden müssen?<br>Backward Secrecy / Future Secrecy | ○ | ↗ |

| 0084 | ✬ | Schreibe Deinen Namen mit dieser Chiffre.<br>acon-Chiffre | ○ | ↗ |

| 0085 | ✬ | Welche Dartenübertragungsrate hat LoRaWan?<br>Bandbreite | ○ | ↗ |

| 0086 | ✬ | Sammle Strichcodes nach einem Einkauf von Produkten und erstelle ein Collagen-Bild daraus. Liste ergänzend alle Barcode-Nummern in einer Tabellenverarbeitung mit dem jeweiligen Produktnamen.<br>Barcode | ○ | ↗ |

| 0087 | ✬ | Ermittelt bei Vater und Mutter, wie viel Bargeld sie an einem Stichtag im Portemonaie haben und ermittelt in der Klasse einen anonymen Durchschnitt für Frauen und Männer an Bargeld. Mit welchen Methoden kann die Anonymität dieser Erhebung gesichert werden<br>Bargeld | ○ | ↗ |

| 0088 | ✬ | Was sind die Kriterien für barrierefreie Internetseiten? Vergleiche 10 Webseiten anhand dieser Kriterien, die sich explizit barrierefrei benennen.<br>Barrierefreiheit | ○ | ↗ |

| 0089 | ✬ | Erläutere eine Handvoll BASIC-Befehle und was sie tun.<br>BASIC | ○ | ↗ |

| 0090 | ✬ | Zeichne einen Out-Tree.<br>Baumstruktur | ○ | ↗ |

| 0091 | Was kann ein Nachteil von BCC-Mail-Adressierungen sein?<br>BCC | |
| 0092 | Was sind die Kriterien von AnTuTu und GeekBench? Messe oder recherchiere den Wert für Dein Smartphone.<br>Benchmark | |
| 0093 | Wähle eine quell-offene Software oder ein Portal einer öffentlichen verwaltung, und erstelle eine iste an Vorschlägen, mit denen ie Benutzerfreundlicheit erhöht werden kann.Benutzerfreundlichkeit | |
| 0094 | Liste und erläutere alle Benutzerschnittstellen eines Smartphones.<br>Benutzerschnittstelle | |
| 0095 | Teste eine quell-offene Software. Erläutere die Prozesse, in der die Software nicht selbsterklärend ist.<br>Betatest | |
| 0096 | Welche Gefahren können bei der Betriebssicherheit der Bahn auftreten?<br>Betriebssicherheit | |
| 0097 | Installiere ein Linux-Betriebssystem.<br>Betriebssystem | |
| 0098 | Zeichne ein Beispiel, welche Graphen ein Paket im Echo nehmen kann und erläutere, warum hier von Graphen und nicht Routen gesprochen wird. Was bedeutet Beyond Routing?<br>Beyond Cryptographic Routing | |
| 0099 | Erstelle eine Liste aller Namen der Landes-Datenschutzbeauftragten. Welche Webseite stellt die Zusammenarbeit mit dem Bundesbeauftragten für Datenschutz besonders heraus?<br>BfDi | |

| 0100 | An wen wurden die Big Brother Awards zuletzt übergeben und warum?<br>Big Brother Awards |
| 0101 | Welche Messenger wurden in der Studie verglichen und welche sind heute noch aktive Projekte?<br>Big Seven Study |
| 0102 | Erstelle zusammen mit dem Lehrer das BigBlueButton System und telefoniere darüber.<br>BigBlueButton |
| 0103 | Was gehört zu einer gemeinwohlorientierten digitalen Infrastrukur und welche Ansätze sind bereits vorhanden, welche ggf. zu fördern?<br>ig-Tech-Monopol |
| 0104 | Definiere eine Menge und bilde eine Permutation ab.<br>Bijektive Funktion |
| 0105 | Welche Werte hatte die Aufklärung?<br>Bill of Rights |
| 0106 | Beschreibe die ersten Anfänge der Maschinensprache, worin bestanden diese?<br>Binärcode |
| 0107 | Vergleiche Fingerabdrücke unter einem Mikroskop.<br>Biometrie |
| 0108 | Was passierte am 11. September 2001?<br>Biometrischer Reisepass |
| 0109 | Rufe das BIOS an einem Desktop-Computer auf und stelle die Uhr eine Stunde rückwärts. Was passiert, wenn der Rechner startet?<br>BIOS |

| 0110 | ※ | Wähle einen Zeitungs- bzw. Online-Artikel aus und bewerte ihn nach seinem Informationsgehalt. Wie kann dieser gemessen werden?<br>Bit | ○ | ↗ |
| 0111 | ※ | An welchen Webadressen kann Bitcoin gelauft werden, und welche Online-Shops akzeptieren diesen?<br>Bitcoin | ○ | ↗ |
| 0112 | ※ | Was ist der USP von BitDefender? (Unique Selling Point)<br>Bitdefender | ○ | ↗ |
| 0113 | ※ | Was sind die Ziele und Aktivitäten der Bitkom, diese zu erreichen?<br>Bitkom | ○ | ↗ |
| 0114 | ※ | Versende eine Nachricht über BitMessage an eine zweite Instanz. Prüfe mit geeigenten Mitteln, wie viele DHT-Verbindungen aufrechterhalten werden.<br>itMessage | ○ | ↗ |
| 0115 | ※ | Erzähle uns, was Kybernetik ist.<br>Black-Box | ○ | ↗ |
| 0116 | ※ | Kennt TCP schwarze Löcher?<br>Black-Hole-Server | ○ | ↗ |
| 0117 | ※ | Welche Institution könnte heute eine Funktion wie die Government Code and Cypher School übernehmen?<br>Bletchley Park | ○ | ↗ |
| 0118 | ※ | Nenne ein Beipiel für das Blinding.<br>Blinding | ○ | ↗ |
| 0119 | ※ | Welche Datenbank behauptet von sich, gut mit BLOBs zurecht zu kommen?<br>BLOBs | ○ | ↗ |

| 0120 | Stelle den Prozess einer Blockchain in einer Grafik auf einer Seite dar.<br>Blockchain | ○ ↗ |
|---|---|---|
| 0121 | Nenne drei Software-Applikationen, die eine Blockverschlüsselung einsetzen.<br>Blockverschlüsselung | ○ ↗ |
| 00122 | Wer sind derzeit bekannte Blogger und mit welchen Themen beschäftigen sich sich derzeit?<br>Blog | ○ ↗ |
| 00123 | Was unterscheidet NFC von Bluetooth?<br>Bluetooth | ○ ↗ |
| 00124 | Wer war George Boole?<br>Boolean | ○ ↗ |
| 0125 | Welche Rolle spielt die Schaltalgebra bei der Entwicklung von Schaltnetzen. Mache ein Beispiel.<br>Boolesche Algebra | ○ ↗ |
| 0126 | Messe, wie lange zwei unterschiedliche Betriebssysteme (z.B. Linux / Windows) auf der gleichen Maschine booten.<br>Ooting | ○ ↗ |
| 0127 | Welche architektonischen Möglichkeiten bestehen, in ein P2P-Netz zu bootstrappen?<br>Bootstrap | ○ ↗ |
| 0128 | Mit welchem Code arbeitet der Robots Exclusion Standard?<br>Bot | ○ ↗ |
| 0129 | Welche Algorithmen umfasst Botan?<br>Botan | ○ ↗ |
| 0130 | Welche Algorithmen umfasst Bouncy Castle?<br>Bouncy Castle | ○ ↗ |

| 0131 | Welche Daten sammelt die NSA vordringlich?<br>Boundless Informant |
| 0132 | Finde eine einfache Verschlüsselung z.B. eines Kryptogramms, die ein Mensch mit bloßem Auge knacken kann. Schreibe eine Erläuterung, wie man es knacken kann.<br>Brechen |
| 0133 | Messe die Verzögerung (Latency) bei der Nachrichtenübermittlung unter verschiedenen Bedingungen und vergleiche sie mit einem anderen P2P Messenger.<br>Briar |
| 0134 | Wie ist das Briefgeheimnis entstanden und in welchen Fällen darf es gebrochen werden?<br>Briefgeheimnis |
| 0135 | Welche Vorteile bestehen bei BYOD gegenüber gestellten Geräten?<br>Bring Your Own Device |
| 0136 | Benenne Software- bzw. Kommunikations-Applikationen, die interoperabel sind in der Nutzung eines eigenen Schlüssels.<br>Bring Your Own Key |
| 0137 | Findet bei EPKS ein Broadcast statt?<br>Broadcast |
| 0138 | Erläutere das EPKS-Protokoll im Zusammenhang mit einem Broadcast.<br>Broadcast (in der Kryptographie) |
| 0139 | Wie ist der Marktanteil des Browsers FireFox gegenüber anderen Browsern generell und auf der Webseite der Schule? Wie kann dieses analysiert werden?<br>Browser |

| 0140 | ✵ | Mit welcher Methode kann eine Brute-Force unterbunden werden?<br>Brute-Force-Methode | ○ | ↗ |
| 0141 | ✵ | Erlaubt die BSD-Lizenz den Einbau von Code in nicht-quelloffene Programme?<br>BSD | ○ | ↗ |
| 0142 | ✵ | Welche Abteilungen hat das BSI und welche ist die grösste Aufgabe des Instituts?<br>BSI | ○ | ↗ |
| 0143 | ✵ | Verschlüssel einen Text mit der Bibel.<br>Buch-Verschlüsselung | ○ | ↗ |
| 0144 | ✵ | Worin bestand der zuletzt gemeldete Bug Deiner Lieblings-Open-Source Software?<br>Bug | ○ | ↗ |
| 0145 | ✵ | Installiere einen Server, auf dem man eine Mailbox betreiben kann.<br>Bulletin Board System - Mailbox | ○ | ↗ |
| 0146 | ✵ | Vergleiche die Strukturen von GCHQ mit der NSA.<br>Bullrun | ○ | ↗ |
| 0147 | ✵ | Vergleiche die Strukturen vom Bundesnachrichtendienst mit der NSA.<br>Bundesnachrichtendienst | ○ | ↗ |
| 0148 | ✵ | An welchen Gesetzen hat die Bundesnetzagentur entscheidend mitgewirkt?<br>Bundesnetzagentur | ○ | ↗ |
| 0149 | ✵ | Wie können Teilnehmer an einem BUS zum Schweigen gebracht werden?<br>Bus | ○ | ↗ |
| 0150 | ✵ | Benenne Unternehmenskennzahlen mit Werten und leite beispielhaft eine Entscheidung daraus ab.<br>Business Intelligence | ○ | ↗ |

| 0151 | Wähle eine Smartphone-App und zähle die Anzahl der Buttons. Liesse sich diese reduzieren?<br>Button | ○ ↗ |

0151 — Wähle eine Smartphone-App und zähle die Anzahl der Buttons. Liesse sich diese reduzieren?
Button

0152 — Welchen Vorteil hat ein verschlüsselter, und damit semi-öffentlicher Chat für einen Schlüsselaustausch?
Buzz

0153 — Wo wird die Einheit Byte heute noch verwendet?
Byte

0154 — Warum sollte C++ besser sein als C?
C/C++

0155 — Welche Methode ist für welche Zwecke im Messaging geeignet: Nachrichten in einem dritten, kryptographisch gesicherten Postfach bei Unbekannten zu hinterlegen oder diese bei einem verbundenen Freund verschlüsselt zwischenzuspeichern, der online ist?
C/O (Care-of)-Funktion/-Postfach

0156 — Berechne annähernd, ob der Cache im lokalen Browser schneller ist als die Webseite neu und aktualisiert aus dem Internet zu laden. Was spricht für einen lokalen Cache?
Cache

0157 — Erstelle mit CAD das Design eines Rasenmähroboters in seinen Umrissen.
CAD

0158 — Wie heisst das Wort Wikipedia in der Caesar-Verschlüsselung bei einem Schlüssel von 88?
Caesar-Verschlüsselung

0159 — Welche Methoden für ein Geräte-Fingerprint bestehen weiterhin?
Canvas Fingerprinting

| 0160 | ✿ | Welche Vorteile hat es, eine Bandbreite zu überschreiben bzw. sich an eine vorgegebene Bandbreite zu halten?<br>Capabilities Sharing | ○ | ↗ |
| 0170 | ✿ | Fertige Screenshots verschiedener Captcha-Methoden im Web. Welche ist am wenigsten fehleranfällig?<br>CAPTCHA | ○ | ↗ |
| 0171 | ✿ | Bastele eine Schablone und zeige Deinem Team den Geheimtext, oder lass sie die Botschaft erraten.<br>Cardan-Gitter | ○ | ↗ |
| 0172 | ✿ | Installiere ein HTML-Programm und nutze ein CSS. Was sind die wesentlichsten Befehle, um dieses zu erstellen bzw. zu erweitern?<br>Cascading Style Sheets | ○ | ↗ |
| 0173 | ✿ | Welche Vorteile hat es, zum XORen vor einer Verschlüsselung den vorhanden Text zu nehmen und nicht einen zweiten, davon separierten, anderen Text?<br>CBC | ○ | ↗ |
| 0174 | ✿ | Ein Unternehmen will die E-Mail-Flut einschränken, wieviele Adressen sollten maximal in CC sein, um die Mail-Anzahl signifikant zu reduzieren?<br>CC | ○ | ↗ |
| 0175 | ✿ | Was sind die aktellen Maßnahmen und Aktionen des CDT, um die Ziele zu erreichen?<br>CDT | ○ | ↗ |
| 0176 | ✿ | Demonstrationen müssem beim Staat angemeldet sein. Muss gleiches für Kommunikation und einungsäußerung in einem Channel gelten? Warum icht?<br>Hannel | ○ | ↗ |

| 0177 | ✿ | Welche weiteren NGOs mit gleichem thematischen Ansatz bestehen zum CCC? Worin unterscheiden sich die Ziele?<br>Chaos Computer Club | ○ | ↗ |

| 0178 | ✿ | An welchem Lehrstuhl in Deiner Nähe wird Chaos-Forschung betrieben?<br>Chaos-Forschung | ○ | ↗ |

| 0179 | ✿ | Erstelle eine Präsentation eines Chat-Programms, dass sich mit eigenem, quelloffenen Server betreiben lässt. Vergleiche die Vorteile mit dem (Gruppen-)Ergebnis anderer.<br>Chat | ○ | ↗ |

| 0180 | ✿ | Entwickle ein Sprach-Skript, das auf bestimmte Stichworte einen Antwortsatz ausgibt und stelle einen idealtypischen Chat-Verlauf für einen Kunden zur Anfrage auf der Webseite einer Auto-Reparatur-Werkstatt dar.<br>Chatbot | ○ | ↗ |

| 0181 | ✿ | Stelle alle Webdienste/Webseiten zusammen, die einen ChatGPT-ähnlichen Dienst als Chatbot einsetzen.<br>ChatGPT | ○ | ↗ |

| 0182 | ✿ | Diskutiere Vor- und Nachteile einer gerätebezogenen Kontrolle von Chat-Inhalten und Auswirkungen möglicher technischer Umgehungswege.<br>Chat-Kontrolle | ○ | ↗ |

| 0183 | ✿ | Erstelle eine dokumentierte Chiffre für ein symmetrisches Verfahren, nach derer andere eine Entschlüsselung vornehmen können.<br>Chiffre | ○ | ↗ |

| 0184 | ✿ | Was sind die Kernelemente der Architekturtheorie von Alberti?<br>hiffrierscheibe, Alberti's | ○ | ↗ |

| 0185 | ⚙ | Welche Chilling-Maßnahmen wurden für die Letzte Generation eingesetzt?<br>Chilling Effekt | ○ | ↗ |
| 0186 | ⚙ | Sortiert die aktuell neun Elemente nach Wichtigkeit hinsichtlich von Sicherheit und Risiko in der Gruppe.<br>CIA-Plus-Schutzziele | ○ | ↗ |
| 0187 | ⚙ | Recherchiere Software, die sowohl AES als auch McEliece als Chiffre anbietet.<br>Cipher | ○ | ↗ |
| 0188 | ⚙ | Erstelle mit einem Programm Ciphertext und analysiere ihn.<br>Cipher-Text | ○ | ↗ |
| 0189 | ⚙ | Nutzt VeraCrypt Ciphertext Stealing? Wo taucht es in der Dokumentation auf?<br>Ciphertext Stealing | ○ | ↗ |
| 0190 | ⚙ | Finde eine Online-Zeitung, die auf Curiosity Gaps setzt und diskutiere ein Beispiel.<br>Clickbaiting | ○ | ↗ |
| 0191 | ⚙ | Ist es für Webdesigner ethisch haltbar, wenn sie Clickjacking einbauen?<br>Clickjacking | ○ | ↗ |
| 0192 | ⚙ | Suche einen Messenger-Klient, der mit verschiedenen Hosts kommunizieren kann.<br>Client | ○ | ↗ |
| 0193 | ⚙ | Welche Programme, die zugleich Klient wie auch Server sein können, sind bekannt?<br>Client-Server-Netzwerk | ○ | ↗ |
| 0194 | ⚙ | Installiere mit Nextcloud eine eigene Cloud für die Lerngruppe.<br><br>Cloud / Cloud Computing | ○ | ↗ |

| 0195 | ✤ | Welcher Server-Anbieter wirbt offensiv mit Clustern?<br>Cluster | ◯ | ↗ |
| 0196 | ✤ | Finde eine Statistik, die die Zunahme an verschlüsseltem E-Mail-Aufkommen im Zeitverlauf darstellt. Andernfalls schätze selbst und fertige eine ansprechende Info-Grafik dazu, die von einer Redaktion in einem Online-Beitrag eingesetzt werden soll.<br>C-Mail | ◯ | ↗ |
| 0197 | ✤ | Wie heisste ein bekannter Hersteller einer CNC-Maschine und was kostet sie?<br>CNC-Maschine | ◯ | ↗ |
| 0198 | ✤ | Zeichne ein Bild eines Cocktails mit entsprechenden Anweisungen an Künstliche Intelligenz, das Elemente von Multiverschlüsselung einbindet und darstellt.<br>Cocktail-Verschlüsselung | ◯ | ↗ |
| 0199 | ✤ | Morse Deinen Namen mit Klopfen auf dem Tisch.<br>Code | ◯ | ↗ |
| 0200 | ✤ | Welche Parameter kann man bei MPEG4 einstellen, damit die Datei genau 50 MB gross ist?<br>Codec | ◯ | ↗ |
| 0202 | ✤ | Zeichne Colossus mit einem elektronischen Bleistift als Skizzen-Modell.<br>Colossus Computer | ◯ | ↗ |
| 0202 | ✤ | Welcher Programmier auf GitHub hat die meisten oder zumindest sehr viele Commits im letzten Jahr?<br>Commit | ◯ | ↗ |
| 0203 | ✤ | Welche Eigenschaften kann Sicherheit haben?<br>Common Criteria | ◯ | ↗ |

| 0204 | ✿ | Welche neun Umgebungsvariablen sind bei CGI gemeint?<br>Common Gateway Interface | ○ | ↗ |
| 0205 | ✿ | Beschreibe die Themen Deiner Online-Community. Wie können andere dazu eingeladen werden?<br>Community / Online-Community | ○ | ↗ |
| 0206 | ✿ | Ist MinGW ein Compiler?<br>Compiler | ○ | ↗ |
| 0207 | ✿ | Nenne einen Rechtsfall, bei dem die Compliance nicht eingehalten wurde,<br>Compliance | ○ | ↗ |
| 0208 | ✿ | Was ist über Ada Lovelace bekannt?<br>Computer | ○ | ↗ |
| 0209 | ✿ | Was ist zu tun, wenn vermutet wird, dass der Router kompromittiert ist?<br>Computer Network Exploitation | ○ | ↗ |
| 0210 | ✿ | Welches Linux-Computerspiel ist besonders populär und warum?<br>Computerspiel | ○ | ↗ |
| 0211 | ✿ | Welche Rolle spielen Hashes bei der Überlastungskontrolle?<br>Congestion-Control | ○ | ↗ |
| 0212 | ✿ | Welches quelloffene Content Management System ist das populärste?<br>Content-Management-System | ○ | ↗ |
| 0213 | ✿ | Wie ausgereift ist der Grad der Verschlüsselung in Conversations?<br>Conversations | ○ | ↗ |
| 0214 | ✿ | Vergleiche fünf Nachrichten-Webseiten, wie viele Cookies jeweils gesetzt werden.<br>Cookie | ○ | ↗ |

| 0215 | ✿ | Wie preserviert Dooble einen Cookie in der Benutzeroberfläche?<br>Cookie-Washer | ○ | ↗ |
| 0216 | ✿ | Welche Chancen und Risiken haben Bewegungsprofile durch Standortfreigaben am Handy?<br>O-TRAVELER Analytics | ○ | ↗ |
| 0217 | ✿ | Welche Maßnahmen unlauteren Wettbewerbs haben die beiden größten CPU-Chip-Hersteller in der Historie?<br>CPU | ○ | ↗ |
| 0218 | ✿ | Welchen monetären Verlust benennt die Spiele-Industrie durch gecrackte Spiele?<br>Cracker, Cracking | ○ | ↗ |
| 0219 | ✿ | Finde einen quell-offenen C++ Crawler.<br>Crawler | ○ | ↗ |
| 0220 | ✿ | Worin unterscheiden sich die CC Lizenzen? - Erstelle eine Übersicht.<br>Creative Commons Lizenz | ○ | ↗ |
| 0221 | ✿ | Erstelle ein erklärendes Short-Video zu einem Begriff dieses Lexikons, und stelle es in einem sozialen Medium online.<br>Creator | ○ | ↗ |
| 0222 | ✿ | Kryptographische Credentials sind oft erstellt für nur eine begrenzte Zeit. Warum? Und welche Zeit ist angemessen?<br>Credential(s) | ○ | ↗ |
| 0223 | ✿ | Ist Qt von Digia ein Cross-Compiler? Falls ja, für wie viele Systeme können Applikationen erstellt werden?<br>Cross Compiler | ○ | ↗ |

| 0224 | Wie kennzeichnen sich die Crypto-Wars der 2020er Jahre?<br>Crypto Wars | ○ | ↗ |

| 0225 | Wähle in diesem Lexikon eine Seitenzahl aus und referiere zu dem Stichwort nach kurzer Vorbereitungszeit, wahlweise ausführlicher bei der nächsten Zusammenkunft.<br>Cryptographic Cafeteria | ○ | ↗ |

| 0226 | Welche verschiedenen Arten des Cryptographischen Callings gibt es?<br>ryptographic Calling | ○ | ↗ |

| 0227 | Recherchiere zum Cryptographic Discovery und zeichne eine Graphen-Konstellation, die veranschaulicht, wie Knotenpunkte etwas über ihre Umgebung lernen könnten bei und ohne entsprechende Flag bzw. Hinweise in den Datenpaketen.<br>Cryptographic Discovery | ○ | ↗ |

| 0228 | Was sind Lerneffekte von umfassenden Verschlüsselungs-Werkzeugen wie VeraCrypt oder Spot-On, die in CryptTool noch integriert werden sollten? Erstelle einen Lehrplan.<br>CrypTool | ○ | ↗ |

| 0229 | Funktioniert Rosetta symmetrisch oder asymmetrisch? Finde vergleichbare Alternativen.<br>CryptoPad Rosetta | ○ | ↗ |

| 0230 | Erstelle eine Vorbereitungs- und Einkaufsliste für eine Crypto-Party inklusive eines Werbeflyers.<br>Crypto-Party | ○ | ↗ |

| 0231 | In welchen Ansätzen ist CryptPad mit MS-Teams vergleichbar? Welche weitere quell-offene Collaborations-Software kann einbetogen werden?<br>CryptPad | ○ | ↗ |

| 0232 | ⚙ | Welche Linux-Applikationen nutzen C#?<br>C-Sharp / C# | ○ | ↗ |

| 0233 | ⚙ | Erstelle eine HTML-Webseite und formatiere sie mit CSS weitergehend.<br>CSS | ○ | ↗ |

| 0234 | ⚙ | Indexiere 8 x 8 x 8 Positionen in einem 3D-Würfel und entwerfe einen Algorithmus, wie Reihen, Linien, Ebenen oder indexierte Einzelpositionen Elemente tauschen, permutieren, allgemein: mischen und verschlüsseln mit ggf. auch mehreren Passworten als Schlüs<br>Cube Encryption Algorithmus | ○ | ↗ |

| 0235 | ⚙ | Was sind die aktuellen Entwicklungs- und Anpassungsziele des Entwicklers?<br>cURL | ○ | ↗ |

| 0236 | ⚙ | Ändere das Cursor-Symbol in Google Street Maps von einem Pfeil in ein Auto. Frage die Eltern, ob sie es wieder in einen Pfeil zurück verwandeln können.<br>Cursor | ○ | ↗ |

| 0237 | ⚙ | Für wie viele Jahre hält ein Sicherheits-Institut diesen Algorithmus noch für sicher? Recherchiere Belege.<br>Curve25519 | ○ | ↗ |

| 0238 | ⚙ | Was gilt es im CRM zu beachten und welche (eine) quell-offene Software deckt welche Bedürfnisse oder Prozesse mit ihren Funktionen dazu ab? Könnte dieses auch in einer Tabellenkalkulations-Software oder einem E-Mail-Programm mit Kalender abgedeckt werden?<br>Customer Relationship Management | ○ | ↗ |

| 0239 | ✿ | Erstelle eine Liste von Applikationen, die verschlüsseln. Markiere, welche Software das Mitbringen von Schlüsseln oder das Erzeugen von eigenen, exportierbaren (übertragbaren) Schlüsseln erlaubt.<br>Customer Supplied Encryption Keys | ◯ | ↗ |
| 0240 | ✿ | Welche DLL-Dateien im Windows-System können als Dämon eingeschätzt werden, und welche als Kernel?<br>Daemon, Demon, Dämon | ◯ | ↗ |
| 0241 | ✿ | Was ist der Nachteil von Bus-Systemen?<br>Daisy Chaining | ◯ | ↗ |
| 0242 | ✿ | Ist eine verschlüsselte Chat-Gruppe ein Darknet? Alternativ: Finde online einen Medienbericht, der über eine Webseite (Domain) außerhalb der Region (Offshore) berichtet, die mit ihren Informationen gegen lokales Recht verstößt - wer muss informiert werden<br>Arknet | ◯ | ↗ |
| 0243 | ✿ | Erstelle eine HTML-Seite als Dashboard, mit zehn regelmäßig zu aktualisierenden Kennzahlen für eine erfolgreiche Schule.<br>Dashboard | ◯ | ↗ |
| 0244 | ✿ | Finde ein Seminar/Lehrgang in Deiner Region, das noch über DES referiert.<br>Data Encryption Standard | ◯ | ↗ |
| 0245 | ✿ | Finde eine Software, die DTLS einsetzt und stelle deren Funktionen vor.<br>Datagram Transport Layer Security | ◯ | ↗ |
| 0246 | ✿ | Welche Daten benötigt das Gesundheitswesen zusätzlich, um durch tiefergehende Analysen und Verknüpfungen von Daten bessere Erkenntnisse zu Krankheitsverläufen zu erhalten?<br>Data-Mining | ◯ | ↗ |

| 0247 | ✺ | Wenn zwei urheberrechtlich geschützte Dateien mittels XOR zu einer neuen Datei verändert werden, besteht dann noch weitergehend urheberrechtlicher Schutz? Gilt gleiches bei Veränderung des Datei-Formats oder Datei-Namens?<br>Datei | ○ | ↗ |

| 0248 | ✺ | Liste und erläutere die gängigsten 25 Datei-Formate Deines Rechners.<br>Dateiformat | ○ | ↗ |

| 0249 | ✺ | Lerne, wie ein Dateisystem mit VeraCrypt gegen Zugriff durch Unberechtigte gesichert werden dann.<br>Ateisystem | ○ | ↗ |

| 0250 | ✺ | Erstelle mit quell-offener Software ein graphisches Daten-Blatt zur Alterspyramide, die sowohl Frauen und Männer darstellt mit exakten Daten.<br>Daten (Singular: Datum) | ○ | ↗ |

| 0251 | ✺ | Schaue Dir die Eingaben in einer SQLite-Datenbank an: Mit welchem Tool kann man sie browsen?<br>Datenbank | ○ | ↗ |

| 0252 | ✺ | Erläutere den Prozess, wie Daten in einer Datenbank entschlüsselt werden können.<br>Datenbank-Verschlüsselung | ○ | ↗ |

| 0253 | ✺ | Welche Daten werden in eine Datenbank für Kunden eingegeben? Erstelle ein Eingabe-Formular für alle benötigten Daten.<br>Datenbasis | ○ | ↗ |

| 0254 | ✺ | Zeichne mathematisch auf, welche kryptographischen Elemente in einer Echo-Capsule enthalten sein können.<br>Datenkapselung / Verkapselung / Datenkapsel / Kapsel | ○ | ↗ |

| 0255 | Modelliere Daten zur Erderwärmung in verschiedenen Szenarien. Erstelle auch eine Übersicht, welche Daten und Parameter zusammen hängen.<br>Datenmodellierung | ○ | ↗ |
| 0256 | Welche Daten sind im Paket eines TCP-Daten-Pakets enthalten?<br>Datenpaket | ○ | ↗ |
| 0257 | Welche Risiken bilden einen gläsernen Menschen?<br>Datenschutz | ○ | ↗ |
| 0258 | Erstelle ein technisches Konzept, wie die Handy-Daten am Ende jeder Woche gesichert werden können.<br>atensicherheit, Datensicherung | ○ | ↗ |
| 0259 | Simuliere zu Zweit ein Gespräch, in dem jemand Deine Handynummer notieren möchte, Du sie aber nicht herausgeben willst. Was kannst Du sagen?<br>Daten-Sparsamkeit | ○ | ↗ |
| 0260 | Was unterscheidet eine SSD von M2-Speicher? Welcher speichert dauerhafter?<br>Datenspeicher | ○ | ↗ |
| 0261 | Was ist die Bitrate des Datenstroms eines Internet-Radios und wie sehr würde sie anwachsen, wenn der Stream verschlüsselt wäre?<br>Datenstrom | ○ | ↗ |
| 0262 | Beschreibe Anwendungsfälle, bei denen Daten durch parallele Leitungen übertragen werden.<br>Datenübertragung, parallele | ○ | ↗ |
| 0263 | Wie schnell ist die Daten-Übertragung vom RAM zur CPU?<br>Datenübertragung, serielle | ○ | ↗ |

| 0264 | Wieviel Übertragungsgeschwindigkeit hat Glasfaser? Ein wievielfaches ist davon die Lichtgeschwindigkeit?<br>Datenübertragungsrate |
| 0265 | Erstelle ein Ablauf-Konzept, wie Adressdaten-Erfassungen im kommunalen Amt eine Reinigung und Validierung durchlaufen können.<br>Datenvalidierung |
| 0266 | Zählt nach der Datenschutz-Grundverordnung (DSGVO) die Daten-Erfassung auch zur Daten-Verarbeitung? Ab wann beginnt die Verarbeitung von Daten streng genommen? Welche Rechte sieht die DGSVO für die Erfassung vor?<br>Datenverarbeitung |
| 0267 | Melde Dich online arbeitssuchend und teste das Portal auf mögliche Fehlbedienungen. Schreibe diese auf.<br>AU |
| 0268 | Mit welchen Maßnahmen kann man eine DDoS-Attacke abwehren? Welche Anbieter eines Schutzes unterstützen einem dabei?<br>DDoS-Attacke |
| 0269 | An welchem Standort in der Region werden Halbleiter produziert. Frage dort eine Werks-Besichtigung an.<br>DDR-SDRAM |
| 0270 | Wer ist ein Debian-Repräsentant in der regionalen Nähe? Lade ihn ein, Debian einmal zu zeigen: Entwerfe ein Einaldungsmail mit einer guten Begründung, warum er vorbeischauen sollte.<br>Debian |
| 0271 | Debugge ein Qt-Programm.<br>Debugger |

| 0272 | ✳ | Installiere einen E-Mail-Server, um über Delta-Chat chatten zu können.<br>Delta-Chat | ◯ | ↗ |

| 0273 | ✳ | Vergleiche DMZ mit einer TEE. Was sind die Unterschiede und Gemeinsamkeiten?<br>Demilitarisierte Zone | ◯ | ↗ |

| 0274 | ✳ | Zähle in einer Woche die Anzahl an Nachrichten-Berichten einer Nachrichten-Sendung, in denen die Meinung der Oppositiom zu einem Thema erfragt und gesendet wird.<br>Demokratie | ◯ | ↗ |

| 0275 | ✳ | Bürger können nicht nur zunehmend Software für Verschlüsselung anwenden, sondern auch kompilieren. Kompiliere beispielhaft ein Verschlüsselungsprogramm selbst.<br>Demokratisierung von Verschlüsselung | ◯ | ↗ |

| 0276 | ✳ | Welchen Einfluss hatte Leibniz auf die Funktionalgleichungen, so dass sie nach ihm benannt wurden?<br>Derivation | ◯ | ↗ |

| 0277 | ✳ | Welche DIN-Norm wurde zuletzt aktualisiert?<br>Deutsches Institut für Normung e.V. | ◯ | ↗ |

| 0278 | ✳ | Diskutiere (Finde Pro- und Contra-Argumente) warum ein Developer kein Programmer oder Coder ist oder sein will.<br>Developer | ◯ | ↗ |

| 0279 | ✳ | Erläutere das Projekt zur Krebsforschung, dass mit dezentralen Installationen in einem P2P-Netzwerk rechnet und Modellierungen vornimmt.<br>Dezentrale Applikation | ◯ | ↗ |

| 0280 | Untersuche die Eigenschaften dezentraler Speicherung von OFFSystem und Freenet. Welche Unterschiede bestehen in der dezentralen Speicherung?<br>Dezentrale Speicherung |
| 0281 | Vergleiche die dezentralen Strukturen von Nostr und Mastodon. Welches dezentrale Netzwerk ist resistenter?<br>Dezentrales Netzwerk |
| 0282 | Finde Forschungsarbeiten, in denen man durch Veränderung von Umgebungsvariablen kryptographische Prozesse beeinflussen konnte.<br>Differenzielle Fehleranalyse |
| 0283 | Wie funktioniert der diskrete Logarithmus?<br>Diffie-Hellman-Schlüsselaustausch |
| 0284 | Was ist Diffusion?<br>Diffusion |
| 0285 | Erstelle mit einem Online-Werkzeug den Digest eines Chat-Nachricht von Dir.<br>Digest |
| 0286 | In welchen Fällen sind digtale Rechte nicht an monetäre Interessen geknüpft?<br>Digital Rights Management |
| 0287 | Was sind die Ziele des DSA?<br>Digital Services Act |
| 0288 | Wie viele ehrenamtliche Mitarbeiter arbeiten an welchen aktuellen Themen? Analysiere die Webseite dazu.<br>Digitalcourage e.V. |
| 0289 | In welchen Fällen können Verbraucher online ungeschützt sein?<br>Digitale Gesellschaft e.V. |

| 0290 | Wie und mit welcher Signatur kann eine Alters-Verifikation online durchgeführt werden?<br>Digitale Signatur | ○ ↗ |

| 0291 | Welche Befürchtungen gehen mit dem Digitalen Euro einher, sodass Bargeld weiterhin empfohlen wird? Mit welchen Argumenten kann man diesen Befürchtungen entgegnen?<br>Digitaler Euro | ○ ↗ |

| 0292 | Was sind die Vorteile der Digitalisierung? Welche Organisationen machen sich aus welchen Gründen mit welchen Zielen stark für die Digitalisierung?<br>Digitalisierung | ○ ↗ |

| 0293 | Welche Prozesse können Bürger nicht mehr ohne Handy oder Mobil-Telefonnummer durchführen?<br>Digitalzwang | ○ ↗ |

| 0294 | Welche Initiativen gab es, um SMS zu verschlüsseln und der Überwachung Einhalt zu gebieten?<br>Dishfire | ○ ↗ |

| 0295 | In welchen Mechanismen zur Verschlüsselung wird diskreter Logarithmus eingesetzt?<br>Diskreter Logarithmus | ○ ↗ |

| 0296 | Sammle mindestens 10 disruptive Innovationen seit Erfindung des Webstuhls.<br>Disruptive Technologien | ○ ↗ |

| 0297 | Welche Vereine erfüllen heute die Ziele des DIVSI?<br>IVSI | ○ ↗ |

| 0298 | Wie schützt und wie fördert der DJV die Beschäftigten bezüglich Digitalisierung, z.B. hinsichtlich KI und deren Texterstellung von Artikeln?<br>DJV | ○ ↗ |

| 0299 | Finde einen Marken- und Domain-Namen für einen Online-Shop oder einen Instant Messenger und prüfe, ob die Domain noch frei ist. Erstelle ein Webseitenkonzept.<br>Domain |
| 0300 | Vergleiche Software für DNS-Server, welche jeweils spezifischen Charakteristiken sind nach deren Beschreibungen besonders hervorzuheben?<br>Domain Name System |
| 0301 | Welche Eigenschaften hat Dooble, die andere Browser nicht haben?<br>Dooble Web Browser |
| 0302 | Wenn die vorausgegangene Nachricht den aktuellen Schlüssel zur Verschlüsselung enthält, wie sicher ist das Verfahren dann, wenn der erste Schlüssel einem Angreifer bekannt war?<br>Double Ratchet Algorithm |
| 0303 | Was sind die Kennzeichen der "Dritten Epoche der Kryptographie" und wo unterscheiden sie sich von der ersten und zweiten Epoche?<br>Dritte Epoche der Kryptographie |
| 0304 | Inwiefern schützt die Grundverordnung?<br>DSGVO |
| 0305 | Untersuche für verschiedene Länder die Anteile der Haushalte mit DSL-, Glasfaser- und keinem Internet-Anschluss.<br>SL |
| 0306 | e*IRC ist gegenüber IRC unmoderiert. Welche Vor- und Nachteile bietet das?<br>e*IRC |

| 0307 | ✿ | Frage beim nächsten Einkauf, mit welcher Software der EAN gelesen wird. Stellt in der Gruppe eine Liste der Softwarenamen zusammen, sofern die Auskünfte vorliegen.<br>EAN | ◯ | ↗ |

| 0308 | ✿ | Wie wird Echelon in die Praxis umgesetzt? Wie funktioniert es?<br>Echelon | ◯ | ↗ |

| 0309 | ✿ | Was sind die Kriterien des Echo-Protokolls?<br>Echo / Echo-Protokoll / Volles Echo | ◯ | ↗ |

| 0310 | ✿ | Welcher Hash-Algorithmus wird für das Match im Echo verwendet?<br>Echo Match | ◯ | ↗ |

| 0311 | ✿ | Erstelle eine eigene Abbildung des Echo-Grids in einem Präsentationsprogramm.<br>Echo-Grid | ◯ | ↗ |

| 0312 | ✿ | SmokeStack ist ein Echo-Server, der welche Schlüssel-Management-Fähigkeiten enthält?<br>Echo-Server | ◯ | ↗ |

| 0313 | ✿ | Inwieweit kümmt sich dieser Dachverband neben der Wirtschaft auch um gesellschaftliche und kulturelle Fragen? Benenne die Themen.<br>Eco | ◯ | ↗ |

| 0314 | ✿ | Inszeniert und spielt in der Gruppe die Szene mit dem Kryptogram aus der GoldBug-Kurzgeschichte auf der Bühne nach.<br>Edgar Allan Poe | ◯ | ↗ |

| 0315 | ✿ | Installiere auf Deinem Handy einen quell-offenen Text-Editor, in dem eine Einkaufsliste geschrieben wird.<br>Editor | ◯ | ↗ |

| 0316 | Diskutiere die These, dass der EFF-Beirat der Senioren die Aufgabe habe, die Aktions-Ideen der Jugend zu monitoren und zu chillen.<br>EFF |
| 0317 | Stelle Vor- und Nachteile von E-Government gegenüber.<br>E-Government |
| 0318 | Gebe Beispiele, wie E-Learning auf inzidentellem Lernen basieren kann.<br>E-Learning |
| 0319 | Finde und erläutere einen Betriebsmodus, der keine Muster aus dem Original erkennen lässt.<br>Electronic Code Book Mode |
| 0320 | Vergleiche Applikationen, die temporäre Schlüssel für E-Mail vorsehen.<br>Electronic Mail Forward Secrecy |
| 0321 | Recherchiere drei deutsche Online-Shops und finde heraus, welche Shop-Software sie nutzen.<br>Elektronischer Handel |
| 0322 | Schildere einige Stationen aus dem Lebenslauf und Arbeitsbereich von Taher Elgamal.<br>Elgamal-Verschlüsselungsverfahren |
| 0323 | Ist der Diskrete Logarithmus angesichts der Quanten-Computer noch sicher, und welche Verfahren verwenden diesen?<br>Elliptische-Kurven-Kryptografie |
| 0324 | E-Mail-Überwachung ist die konkrete Ausgestaltung der staatlichen Telekommunikationsüberwachung auf den Dienst E-Mail. Erläutere wie E-Mail-Überwachung durchgeführt wird.<br>E-Mail |

| 0325 | Installiere Android Studio und emuliere ein Android-Handy.<br>Emulation |
| 0326 | Welche IP-Adressen werden bei eMule zum Bootstrappen des Kademlia-DHT genutzt?<br>eMule |
| 0327 | Wie heisst das vergleichbare Verschlüsselungssystem unter Linux?<br>Encrypting File System |
| 0328 | Finde Gründe, warum die Ablage-Verschlüsselung weniger thematisiert wird, beispielsweise bei einer Kommuniations-Applikation auf dem Smartphone, als die Ende-zu-Ende-Verschlüsselung.<br>Encryption at Rest |
| 0329 | Benne und vergleiche Suiten, die sich mit Verschlüsselung beschäftigen.<br>Encryption Suite |
| 0330 | Erkläre ggf. mit einer Zeichnung, wie die Walzen in der Enigma funktioniert haben.<br>Enigma Machine |
| 0331 | Was sagte Claude E. Shannon zur Entropie?<br>Entropie |
| 0332 | Chatte 10 Freunde an und sende ihnen EOT. Wie viele fragen nach, was damit gemeint ist? Berichte über Deine Erfahrungen.<br>OT |
| 0333 | Beschreibe ein Konzept, wie ein öffentlicher Schlüssel an eine Gruppe gesendet werden kann.<br>EPKS |
| 0334 | Recherchiere eine wesentliche Erfindung, die nicht patentiert wurde. Warum ist diese Erfindung so wesentlich?<br>Erfindung |

| 0335 | | Beschreibe des ERP-Produkt des Marktführers und erläutere eine Alternative dazu.<br>ERP | ○ | ↗ |

| 0336 | | Ist bei der Einübung digitaler Prozesse von Erziehung zu sprechen? Begründe die Meinung.<br>Erziehung | ○ | ↗ |

| 0337 | | Welche besondere Spezifikation ist Power over Ethernet (PoE): An welchen Kabel-Positionen fliesst der Strom?<br>Ethernet | ○ | ↗ |

| 0338 | | Was ist über den euklidischen Algorithmus bekannt?<br>Euklid | ○ | ↗ |

| 0339 | | Wende das EVA-Prinzip auf ein Beispiel an.<br>EVA-Prinzip | ○ | ↗ |

| 0340 | | Wie viele Exit-Nodes hat das I2P-Netzwerk im Vergleich zum Tor-Netzwerk?<br>Exit-Node | ○ | ↗ |

| 0341 | | Diskutiere den Nutzen von Facebook kritisch, welche Alternativen bestehen?<br>Facebook | ○ | ↗ |

| 0342 | | Diskutiere die Risiken von Spionage und Datenklau in Joint Venture Unternehmen.<br>FAIRVIEW | ○ | ↗ |

| 0343 | | Welche Kompetenzen müssen gestärkt werden, damit man Fake News erkennt?<br>Fake / Fake News | ○ | ↗ |

| 0344 | | Analysiere eine kurze Diskussion aus dem TV und bereite einen Fakten-Check auf zu den getroffenen Aussagen.<br>Fakt | ○ | ↗ |

| 0345 | Zeige und berechne ein einfaches Beispiel einer Primfaktorzerlegung. <br> Faktorisierungsverfahren | ○ | ↗ |

| 0346 | Wähle eine quell-offene Software und schreibe ein FAQ dazu, oder ergänze ein bestehendes FAQ. <br> FAQ | ○ | ↗ |

| 0347 | Berichte über weitere populäre Fälle des FBI. <br> FBI | ○ | ↗ |

| 0348 | Erstelle eine Analyse pro Kategorie, wie viele Apps der Store beinhaltet. <br> F-Droid | ○ | ↗ |

| 0349 | Erstelle einen Leporello für das Fediverse. <br> Fediverse | ○ | ↗ |

| 0350 | Was sind die Kennzeichen einer Lernenden Organisation und wie geht sie idealerweise mit Fehlern um? <br> Fehler | ○ | ↗ |

| 0351 | Recherchiere tiefergehend zu einem Feistel-Netzwerk und referiere. <br> Feistelchiffre | ○ | ↗ |

| 0352 | Etymologisch leitet sich das Wort Fiasko aus dem Italienischen "Flasche" ab, warum wird es im Deutschen für eine Fehlschlag oder Misserfolg genutzt und was hat es mit zahlreich übertragenen Schlüsseln in der Kryptographie beim Fiasco Forwarding zu tun? <br> Fiasco Forwarding / Fiasco Schlüssel | ○ | ↗ |

| 0353 | Wo hat das Usenet Parallelen zum FidoNet? <br> FidoNet | ○ | ↗ |

| 0354 | Finde eine vergleichbare, quell-offene Alternative, die einzelne Dateien verschlüsseln kann. <br> File-Encryptor | ○ | ↗ |

| 0355 | ✺ | Welche F2F-Filesharing-Netze lassen sich vergleichen?<br>Filesharing | ○ | ↗ |

| 0356 | ✺ | Wende einen Filter in folgenden Bereichen an: Tabellenkalkulation, Suchmaschine, Bildbearbeitung sowie Video-Aufnahme. Was ist der lustigste Filter in den Sozialen Medien?<br>Filter | ○ | ↗ |

| 0357 | ✺ | Diskutiere mindestens drei Wege, um eine Filterblase zu erkennen und zu verlassen, bzw. um Angebote so zu gestalten, dass Filterblasen gar nicht erst entstehen.<br>Filterblase | ○ | ↗ |

| 0358 | ✺ | Unter welchen Bedingungen stellt Späh-Software eine Menschenrechtsverletzung dar und unter welchen Bedingungen nicht?<br>FinFisher / FinSpy | ○ | ↗ |

| 0359 | ✺ | Bei wie vielen Straftaten im letzten Jahr führte der Fingerabdruck aus dem Personalausweis zur Überstellung des Täters?<br>Fingerabdrücke | ○ | ↗ |

| 0360 | ✺ | Welche Angaben zum Gerät kann ein Browser als Fingerprint weitergeben?<br>Fingerprinting | ○ | ↗ |

| 0361 | ✺ | Definiere einen Raum und chatte mit 3 Leuten in einem Fire-Chat der App Smoke.<br>Fire / FireChat | ○ | ↗ |

| 0362 | ✺ | Erkläre Funktionen und Unterschiede von OpenSense und PFSense.<br>Firewall | ○ | ↗ |

| 0363 | Beschreibe ein EEPROM mit einer neuen Firmware. Alternativ flashe ein Handy mit einem alternativen Betriebssystem wie GrapheneOS.<br>Firmware |
| 0364 | Warum wird das FIFO-Prinzip im Supermarkt angewendet?<br>First In – First Out |
| 0365 | Wie betreibt die USA Spionageabwehr im Bezug mit Auslandsaufklärung?<br>FISA |
| 0366 | Welche Aktionen sind aus der Historie der Five Eyes bekannt?<br>Five Eyes |
| 0367 | Ab welchem Time-to-Live (TTL) wird von Flooding gesprochen?<br>Flooding |
| 0368 | Recherchiere aktuell wie viel FLOPS der schnellste Computer der Welt hat und vergleiche es mit dem Computer SYCAMORE.<br>FLOPS |
| 0369 | Welche Airline hat als erste den Wlan-Empfang im Flugzeug erlaubt? Warum war er zuvor verboten?<br>Flugzeugmodus |
| 0370 | Zeichne ein Fluss-Diagramm für Deine Morgen-Routine inklusive Duschen und Zeitangaben.<br>Lussdiagramm |
| 0317 | Präsentiere drei Show-Cases von Flutter-Programmen auf je einer Web-Seite.<br>Flutter |
| 0372 | Erstelle eine Folge von Primzahlen, welches ist die 49. Primzahl?<br>Folge |

| 0373 | Wie viele Grundsymbole kommen zu einem Alphabet hinzu und welche sind diese? |
| | Formale Sprache |

| 0374 | Welche Risiken haben Fiasco-Schlüssel die alternierend durch zwei Lagzeitschlüssel gedeckt sind, gegenüber Kurz-Zeit-Sitzungsschlüsseln, die durch einen Langzeitschlüssel gedeckt sind? |
| | Forward Secrecy, Perfect |

| 0375 | Nutzt das Forward-Secrecy-Calling für Schlüsselerneuerungen innerhalb einer Sitzung den Langzeitschlüssel oder den aktuellen Sitzungsschlüssel? Bestimmte jeweilige Vor- und Nachteile. |
| | Forward-Secrecy-Calling |

| 0376 | Benenne und beschreibe die fünf populärsten Hackerinnen der Geschichte. |
| | Frauen in der Informatik |

| 0377 | Was sind die Ziele der Free Software Foundation? Und wie viele Mitglieder hat sie heute? |
| | Free Software Foundation |

| 0378 | Was unterscheidet Freenet von Hyphanet? Nenne die wesentlichsten Punkte. |
| | Freenet |

| 0379 | Erstelle eine FreeOTFE-Verschlüsselung unter Linux und öffne sie unter Windows. Dokumentiere die Schritte. |
| | FreeOTFE |

| 0380 | Was unterscheidet Freeware von Warez und Open Source? |
| | Freeware |

| 0381 | Wie weit entfernt ist der nächste Standort eines Freifunk-Wlans? Drucke die Route aus, besuche und teste den Wlan-Hotspot.<br>Freifunk | ○ ↗ |

| 0382 | Berichte über die feinen Nuancen von Freiheit, Autonomie und Souveränität.<br>Freiheit | ○ ↗ |

| 0383 | Recherchiere terroristische Anschläge und diskutiere, welche Freiheitsrechte man hätte einschränken müssen, damit der Anschlag nicht passiert wäre?<br>Freiheitsrechte | ○ ↗ |

| 0384 | Schreibe Deinen Namen mit der Freimaurer-Verschlüsselung.<br>Freimaurer-Chiffre | ○ ↗ |

| 0385 | Welche F2F-Netzwerke sind bekannt und welchen Schlüssel eines Algorithmus nutzen sie?<br>Friend-to-Friend | ○ ↗ |

| 0386 | Diskutiere die diesem Begriff zugrundeliegende These.<br>From Cipher to Conceal | ○ ↗ |

| 0387 | Diskutiere, pro und contra, Ressourcen einzusetzen, entweder eine stabile Maschine (z.B. Kernel) im Hintergrund zu haben versus eine Benutzeroberfläche zu erstellen, die die Bedürfnisse der Kunden bestens erfüllt. In welchen Verhältnis (z.B. 90:10) ist d<br>Frontend und Backend | ○ ↗ |

| 0388 | Wie geht es Frontier heute?<br>Frontier | ○ ↗ |

| 0389 | Welche Aktionen des FSB sind bekannt?<br>FSB | ○ ↗ |

| | | | | |
|---|---|---|---|---|
| 0390 | ✿ | Wie wird FTP in SFTP umgewandelt oder ist das gar nicht nötig?<br>FTP / SFTP | ○ | ↗ |
| 0391 | ✿ | Wie geht es Fugaku heute?<br>Fugaku | ○ | ↗ |
| 0392 | ✿ | Um welche modernen Ideen müssen die fundamentalen Ideen der Informatik begründet erweitert werden?<br>Fundamentale Ideen der Informatik | ○ | ↗ |
| 0393 | ✿ | Was unterscheidet Prozeduren, Unterprogramme und Funktionen?<br>Funktion | ○ | ↗ |
| 0394 | ✿ | Was sind die Resultate des Projektes Gaia-X?<br>Gaia-X | ○ | ↗ |
| 0395 | ✿ | In welche Gliederungspunkte gliedert sich der NIST-Standard 800-38D?<br>Galois/Counter Mode-Algorithm | ○ | ↗ |
| 0396 | ✿ | Nenne die definierten GateKeeper im Bereich des Messagings und zähle genauso viele auf, die nicht dazu gehören. Warum gehören sie nicht dazu?<br>GateKeeper | ○ | ↗ |
| 0397 | ✿ | Diskutiere Gemeinsamkeiten von einem Gateway und einer API.<br>Gateway | ○ | ↗ |
| 0398 | ✿ | Welche Arten von Intelligence kennt das GCHQ?<br>GCHQ | ○ | ↗ |
| 0399 | ✿ | Beweise das Paradoxon oder backe uns einen Geburtstagskuchen.<br>Geburtstagsparadoxon | ○ | ↗ |
| 0400 | ✿ | Welche Berufe sind Geheimnisträger nach dem Recht?<br>Geheimnis | ○ | ↗ |

| 0401 | Wie heissen die beiden hellsten Sterne im astronomischen Gemini Sternzeichen? - und warum leuchten sie so stark?<br>Gemini | ○ ↗ |

| 0402 | Werte die Funktionen von bekannten Botnetzen aus.<br>Genie | ○ ↗ |

| 0403 | Welche Maßnahmen hat die Institution zuletzt umgesetzt?<br>Gesellschaft für Freiheitsrechte e.V. | ○ ↗ |

| 0404 | Über welche Kommunikationsmedien werden die zahlreichen Mitglieder angesprochen?<br>Gesellschaft für Informatik e.V. | ○ ↗ |

| 0405 | Was spricht für und gegen diese Technologie? Welche Staaten haben Gesichtserkennung bereits verboten?<br>Gesichtserkennung | ○ ↗ |

| 0406 | Erstelle ein animiertes GIF, welches Programm muss man benutzen, um ein GIF-Daumenkino zu erstellen?<br>GIF | ○ ↗ |

| 0407 | Erlerne mit GIMP Hintergründe in Fotos oder Grafiken transparent zu machen.<br>GIMP | ○ ↗ |

| 0408 | Erstelle einen Account und forke ein Projekt oder nehme an einem Forum teil.<br>GitHub | ○ ↗ |

| 0409 | Ist der McEliece-Algorithmus gitterbasiert? Inwiefern?<br>itter-basierte Kryptographie | ○ ↗ |

| 0410 | Erstelle ein Kunstwerk und klebe mit Spaghetti einen Gittergraph auf ein Blatt Papier, ohne die Nudeln zu brechen und male oder sprühe es bunt. Dein Bild ist das Titel-Covers für ein Buch über Graphentheorie. Welche Kapitel-Überschriften hat Dein Buch neb<br>Gittergraph | ○ ↗ |

| 0411 | Nenne einen politischen Fall, in dem glaubhaft abgestritten worden sein könnte.<br>Glaubhafte Abstreitbarkeit |
| 0412 | Schaue Dir die Mitglieder der Global Encryption Coalition an und ordne sie den Kontinenten zu, welcher Kontinent führt? Was müsste man tun, damit die anderen Mitglieder gefördert werden?<br>Global Encryption Coalition |
| 0413 | Erstelle eine Programm für den nächsten Global Encryption Day, welche Inhalte hat Dein Workshop bzw. Deine Präsentation, Aktion oder Online-Maßnahme?<br>Global Encryption Day |
| 0414 | Deine Katze hat einen GPS-Tracker, der unter Blech und in Garagen nicht funktioniert. Vergleiche Pro und Contra mit Richtfunk-Technologie zum Tracken von Katzen.<br>Global Positioning System |
| 0415 | Welche Original-Dokumente von Edward Snowden sind heute noch zugänglich. Was sagen die Dir vorliegenden Dokumente aus?<br>Globale Überwachungs- und Spionageaffäre |
| 0416 | Ubuntu Gnome und Linux Mint Cinnamon unterscheiden sich wie? Stimmt in der Gruppe über Schönheit und Ästhetik ab.<br>GNOME |
| 0417 | Erstelle eine Marketing-Kampagne für Linux und diskutiere, ob der Begriff GNU oder Linux sinnvoller st. Wie kann GNU in Deine Kampagne eingebunden erden, um die Linux Installationen zu erhöhen?<br>NU |
| 0418 | Installiere GNUnet und mache einen Screenshot während es läuft.<br>GNUnet |

| 0419 | Installiere GnuPG und vollziehe nach, wie es mit anderen (welchen?) Applikationen ein Öko-System bildet.<br>GnuPG | ○ ↗ |

| 0420 | Wie wird Gnutella gebootstrapped?<br>Gnutella | ○ ↗ |

| 0421 | Beschreibe einen Vorgang, bei dem Du Dir besonders viel Mühe gegeben hast.<br>Going the Extra Mile | ○ ↗ |

| 0422 | Installiere die Software GoldBug Messenger und fertige einen Screenshot von der Passwort-Option auf E-Mails.<br>GoldBug (E-Mail-Passwort) | ○ ↗ |

| 0423 | Verbinde Goldbug mit Spot-On und chatte in beiden Applikationen miteinander.<br>GoldBug Messenger | ○ ↗ |

| 0424 | Installiere und teste eine P2P-Suchmaschine als Alternative zu Google.<br>Google | ○ ↗ |

| 0425 | Wie sind Goppa-Codes im McEliece-Algorithmus eingebunden?<br>Goppa Code | ○ ↗ |

| 0426 | Diskutiere, ob qualifizierte Lehrer, eine umfangreiche Austattung oder ausgearbeitete Arbeits- und Lernprozesse in der Schule am ehesten zu einem interessanten Informatik-Unterricht führen. Wie können die Bereiche mit Maßnahmen ausgestaltet werden?<br>Governance | ○ ↗ |

| 0427 | Erstelle Deinen eigenen GPG-Schlüssel und bewahre in gut auf. In welchem Programm kannst Du ihn nutzen?<br>GPG | ○ ↗ |

| 0428 | Worin unterscheiden sich GPL und BSD Lizenz?<br>GPL |
| 0429 | Stelle die Stituation eines Rook's Graphen auf einem Schachbrett nach.<br>Graphen des Turms |
| 0430 | Wer hat das günstigste Buch über die Graphen-Theorie geschrieben?<br>Graphen-Theorie |
| 0431 | Diskutiere die Auswirkungen für die Entwicklung von Lernenden und eine Nation, wenn die Wikipedia nicht zugänglich ist.<br>Great Firewall Of China |
| 0432 | Benenne ein rechenintensives Problem und gebe Perspektiven, wie dessen Lösung aussehen könnte und was Grid-Computing bereits an Lösungen dazu beigetragen hat.<br>Grid-Computing |
| 0433 | Wer hat sich zuerst mit dem Grover-Algorithmus beschäftigt?<br>Grover-Algorithmus |
| 0434 | Das Maximum ist in einer Makroperspektive der Gesellschaft bzw. der Wirtschaft nicht immer das Optimum. Warum und gebe Beispiele. Und: Warum wird das Mindset in der Mikroperspektive von Individuen für ein persönliches Wachstum oft zu wenig adressiert? Wer<br>Growth Mindset |
| 0435 | Wenn es eine Co-Existenz von Grub und UEFI geben kann, dann stelle sie her!<br>Grub |
| 0436 | Was sind die drei wichtigsten Grundrechte aus Deiner Sicht? Und welche drei sind nachrangiger? Begründe.<br>Grundrechte |

| 0437 | Welche Maßnahmen zur Nachhaltigkeit ergreift Grüne IT? <br> Grüne IT |
| 0438 | Gleichgesinnte in Gruppenchats könnten sich radikalisieren. Was hat das mit Demokratie zu tun und was hat der Staat zu tun? <br> Gruppen-Chat |
| 0439 | Gibt es Mobilfunkanbieter, die 2G in Frage stellen und abschalten wollen? Warum? <br> GSM |
| 0440 | Wie viele GUI Widgets kennt Qt? <br> GUI |
| 0441 | Sollte jeder Mensch eine UUID haben? Falls ja, welche Gefahren könnten damit verbunden sein? <br> GUID |
| 0442 | Plane einen Hackathon: welches Thema oder welche Technologie soll bearbeitet werden? Finde eine Aufgabenstellung und berücksichtige, dass nicht alle rogrammieren können und sich auch um Prozesse, unden und Marketing kümmen wollen. <br> Ackathon |
| 0443 | Was haben populäre Hacker erreicht oder gebrochen? <br> Hacker |
| 0444 | Installiere das Keyboard und vergleiche es mit OpenBoard, Welches ist warum besser? <br> Hacker's Keyboard |
| 0445 | Diskutiere, ob PenTesting Hacking ist. <br> Hacking |

| 0446 | ✳ | Verbinde zwei Applikationsknoten mit einem Server und teste, ob die Nachricht erhalten werden kann, wenn der Freund offline ist.<br>Halbes Echo | ◯ | ↗ |

| 0447 | ✳ | An welchen Standorten findet in Deinem Land eine Halbleiter-Produktion statt? Was wird genau produziert?<br>Halbleiter-Technologie | ◯ | ↗ |

| 0448 | ✳ | Erzähle Grimms-Märchen, um über das Adaptive Echo zu sprechen und verdeutlicht es an einem E_C_H_O-Grid-Template.<br>Hänsel und Gretel in der IT | ◯ | ↗ |

| 0449 | ✳ | Konfiguriere online einen Gaming-PC, wie viele Hardware-Bestandteile müssen eingebaut werden?<br>Hardware | ◯ | ↗ |

| 0450 | ✳ | Erläutere Beispiele, bei denen Software-Aktualisierungen dazu führten, dass alte Hardware nicht mehr unterstützt wurde. Was ist zu ändern?<br>Hardware-Recycling | ◯ | ↗ |

| 0451 | ✳ | Hashe Deinen Namen mit einer Online-Hash-Funktion.<br>Hashfunktion | ◯ | ↗ |

| 0452 | ✳ | Hashe Deinen Namen mit Argon2.<br>ashfunktion, kryptographische | ◯ | ↗ |

| 0453 | ✳ | Wie kann sichergestellt werden, dass Knotenpunke beim Routing und Weiterleiten Klartextinformationen nicht abgreifen können?<br>Heimliche Weiterleitung | ◯ | ↗ |

| 0454 | ✳ | Was charakterisiert unterschiedliche Zahlensysteme?<br>Hexadezimalsystem | ◯ | ↗ |

| | | | |
|---|---|---|---|
| 0455 | | Vor dem Betätigen eines Kippschalters an der Strom-Steckerleiste wird der PC heruntergefahren. Gilt dieses auch für einen Fernseher?<br>Hibernation | ○ ↗ |
| 0456 | | Berichte über RFC 2104.<br>HMAC | ○ ↗ |
| 0457 | | Aus welchen Gründen bzw. an welchem Datum dürfen Online-Redaktionen einen Hoax bringen?<br>Hoax | ○ ↗ |
| 0458 | | Was spricht für und gegen Home-Office und wie viele Tage pro Woche gewähren im Durchschnitt die nternehmen des Landes nach Angaben der rbeitgeberverbände?<br>ome-Office | ○ ↗ |
| 0459 | | Erstelle Deine eigene Homepage mit Deinem Lebenslauf.<br>Homepage | ○ ↗ |
| 0460 | | Aktualisiere das Literaturverzeichnis um eine Referenz in der Wikipedia beim Stichwort Homomorphismus.<br>Homomorphismus | ○ ↗ |
| 0461 | | Inwieweit baut der Erfolg von Video-Plattformen wie TikTok oder Instagram auf Honeypot-Mechanismen auf?<br>Honeypot | ○ ↗ |
| 0462 | | Wie funktioniert der Hotkey, um Deinen Computer zu sperren?<br>Hotkey | ○ ↗ |
| 0463 | | Finde einen quell-offenen HTML-Editor.<br>HTML | ○ ↗ |

| 0464 | Diskutiere, welchen Sinn es macht, das Ergebnis einer Zertifikatsprüfung zu speichern, statt die Prüfung jedesmal erneut durchzuführen.<br>HTTP Public Key Pinning |

| 0465 | Recherchiere, wie viel Traffic in Prozent als HTTPS durch die Leitungen geht und welcher Maßnahmen es bedarf, diese Quote zu erhöhen.<br>HTTPS |

| 0466 | Male eine Netzwerk-Grafik mit Knotenpunkten, in der sowohl Knoten A als auch Knoten D die gleiche Nachricht als Kopie in Umlauf geben. Wer ist verantwortlich und Absender?<br>Humane Proxies / Problem des inneren Umschlags |

| 0467 | Werte 10 Nachrichten von je 10 Newsportalen aus, wie viele Hyperlinks im Text durchschnittlich vermerkt sind: Welches Portal verlinkt am meisten?<br>Yperlinks |

| 0468 | Simuliere einen Datei-Versand jeweils über I2P, Tor und das Echo-Netzwerk, in welchen Netzwerk ist der Transfer am schnellsten?<br>I2P |

| 0469 | Diskutiere und gebe ein Beispiel, warum Social Engineering ein Sicherheitsrisiko in der menschlichen Interaktion ist, wenn es darum geht, ein neues Passwort zu vereinbaren. Welche Chancen bietet ein interaktions-freies Cryptographisches Calling (IFCC)?<br>IFCC |

| 0470 | Diskutiere Maßnahmen zum Anonymitätsmanagement und Identitätsmanagement im Internet.<br>Identifikator |

| 0471 | Recherchiere Fälle, wie und von wem eine Identittät gestohlen wurde. Schaue ergänzend den Film "Das Netz" mit Sandra Bullock und vergleiche die dortigen Methoden des Identitätsdiebstahls.<br>Identitätsdiebstahl |
|---|---|

| 0472 | Welche der 39 IEEE Societies passt am besten zu Dir und welches Thema hat die neueste Publikation bzw. nächste Konferenz?<br>IEEE |
|---|---|

| 0473 | Fasse die Geschichte der IETF zusammen.<br>IETF |
|---|---|

| 0474 | Worin unterscheidet sich IMAP von POP3 und was bedeutet es für die Sicherheit?<br>IMAP |
|---|---|

| 0475 | Diskutiere, inwieweit Rauschen Sicherheit bieten kann, wenn letztlich doch alles aufgezeichnet wurde?<br>Impersonator-Funktion/-Rauschen |
|---|---|

| 0476 | Erstellt einen Index lokal/zuhause vorhandener Bücher.<br>Index |
|---|---|

| 0477 | Inwieweit wird durch digitale Überwachung der Quellenschutz bei Journalisten ausgehebelt? Gebe Beispiele.<br>Informantenschutz |
|---|---|

| 0478 | Worum geht es in dem Teilbereich der Informatik: Informatik und Gesellschaft?<br>Informatik |
|---|---|

| 0479 | Welche Kanäle der Wissensvermittlung sind beliebt und sinnvoll?<br>Information |
|---|---|

| 0480 | ✻ | Welche Störungen können nach der Transaktionsanalyse bei der Kommunikation von Informationen auftreten?<br>Information und Kommunikation | ○ ↗ |

| 0481 | ✻ | Welche Maßnahmen umfasst der IT-Grundschutz?<br>Informationssicherheit | ○ ↗ |

| 0482 | ✻ | Was sind die Common Criteria, um Informationssysteme zu zertifizieren?<br>Informationssystem | ○ ↗ |

| 0483 | ✻ | Beschreibe die wesentlichsten Aufgaben der IT.<br>Informationstechnik | ○ ↗ |

| 0484 | ✻ | In welchen Bereichen gibt es Kommunikationssysteme? Welche Informationen senden sie?<br>Informationstheorie | ○ ↗ |

| 0485 | ✻ | Welche Rolle kommt Deiner Meinung nach das auf Papier gedruckte Wissen in 100 Jahren zu?<br>Informationswissenschaft | ○ ↗ |

| 0486 | ✻ | Male ein Bild und verstecke einen Inhalt darin, der nicht direkt ersichtlich ist.<br>Inhalt | ○ ↗ |

| 0487 | ✻ | Suche eine freie Lizenz heraus. Was regelt diese?<br>Inhalte, freie | ○ ↗ |

| 0488 | ✻ | Welche Variablen können bei der Initialisierung eines Computers verändert werden?<br>Initialisierung | ○ ↗ |

| 0489 | ✻ | Was könnten psychologische Motive sein, dass Menschen lieber in Altbekanntem verharren? Welche Rolle kommt dem Lernen dabei zu?<br>Innovation | ○ ↗ |

| 0490 | Vergleiche die Kommunikation mit anderen Nutzern in Instagram und TikTok.<br>Instagram |
| 0491 | Sammle alle quell-offenen und verschüsselnden Messenger für mobile Endgeräte.<br>Instant Messaging |
| 0492 | Warum benötigen ganzzahlige Werte eine eigene Kategorie?<br>Integer |
| 0493 | Was kann schief gehen, wenn Systeme keinen Änderungsschutz haben? Gebe Beispiele.<br>Integrität |
| 0494 | Wie änderte der Buchdruck die Gesellschaft?<br>Internet |
| 0495 | Wie hängen Internet Freedom und Software Freedom zusammen?<br>Internet Freedom / Software Freedom |
| 0496 | Welche weiteren Netzwerkprotokolle sind bekannt und relevant?<br>Internet Protocol |
| 0497 | Was bringt eine Untersuchung eines iRC-Servers zum Vorschein?<br>Internet Relay Chat |
| 0498 | Welche Rechte und Pflichten haben ISP, die ein normaler Internet-Teilnehmer nicht hat?<br>Nternetdienstanbieter |
| 0499 | Wie kann man das Bewusstsein für die Sicherheit im Internet erhöhen?<br>Internet-Sicherheit |
| 0500 | Diskutiere die Interoperabilität von Instant Messengern angesichts von Verschlüsselung.<br>Interoperabilität |

| 0501 | Wie kann man von zuhause auf ein Intranet eines Unternehmens zugreifen?<br>Intranet |
| 0502 | Finde heraus, welche IP-Adresse eine beliebige Domain hat.<br>IP-Adresse |
| 0503 | Wie kann man im Handy ausschalten, dass beide IP-Adressen verwendet werden?<br>IP-Hybrid-Pairing |
| 0504 | Beschreiben RFC 1853 und RFC 2003 wie verschlüsselt wird?<br>IP-in-IP-Kapselung |
| 0505 | Frage die Hotline eines Providers, wie lange und abhängig von welchen Faktoren ein IP-Re-Assign erfolgt oder ob eine Zwangstrennung zugrundeliegt.<br>IP-Re-Assing |
| 0506 | Indexiere, wie viele Protokolle die IPSec umfasst.<br>IPsec |
| 0507 | Rufe die Konfigurationsmaske von iptables auf.<br>iptables |
| 0508 | Vergleiche die Kosten von IPTV gegenüber breitbandigen Übertragungskonfigurationen.<br>IPTV |
| 0509 | Vergleiche die Einsatzgebiete, Genauigkeit und Kosten von Iris-Erkennnung mit Gesichtserkennung.<br>Iris-Erkennung |
| 0510 | Welche ISO Normen kennen Unternehmen in der Regel ganz gut?<br>ISO |
| 0511 | Erläutere, was Iteration in der Softwareentwicklung oder Kryptographie oder Philosophie bedeutet.<br>Iteration |

| 0512 | Welche Maßnahmen umfasst der IT-Grundschutz?<br>IT-Grundschutz | ○ ↗ |
| 0513 | Mit welchen Maßnahmen können IT-Systeme abgeschottet werden?<br>IT-Sicherheit | ○ ↗ |
| 0514 | Markiere in einem Layer von OpenStreetMap alle Häuser Deiner Stadt, die zur kritischen Infrastrukur gehören.<br>IT-Sicherheitsgesetz | ○ ↗ |
| 0515 | Finde ein aktuelles Smartphone, das sich rooten lässt. Ohne Jailbreak.<br>Jailbreak | ○ ↗ |
| 0516 | Wieviel Tage ist das letzte Jami-Release her?<br>Jami | ○ ↗ |
| 0517 | Warum soll Javascript so unsicher in der Kryptographie sein? Finde Beweise oder widerlege.<br>JavaScript | ○ ↗ |
| 0518 | Welche kryptographischen Bibliotheken können in Java genutzt werden?<br>Java-Technologie & -Programmiersprache | ○ ↗ |
| 0519 | Melde Dich bei Jitsi an, warum kann man den Anmeldeprozess datensparsam nennen?<br>Jitsi | ○ ↗ |
| 0520 | Wie wird aus einem Passwort mit J-PAKE eine PKI oder ein symmetrisches Passwort abgeleitet, dokumentiere die Schritte.<br>J-PAKE | ○ ↗ |
| 0521 | Wer komprimiert besser, PNG oder JPEG?<br>JPEG | ○ ↗ |
| 0522 | Finde und lese die Spezifikationen der Juggerknaut Schlüssel.<br>Juggerknaut Schlüssel | ○ ↗ |

| 0523 | Sind Juggerli Schlüssel schon verbaut oder nur ergänzend zu Juggerknaut Schlüsseln konzeptionell vorgeschlagen? Und wie hängen sie mit IFCC bzw. dem Marble-Calling zusammen?<br>Juggerli Schlüssel | ○ ↗ |

| 0524 | Was ist heute der rechenstärkste Supercomputer in unserem Land?<br>JUWELS | ○ ↗ |

| 0525 | Finde Gründe, warum private Kameras, die öffentlichen Raum filmen, verboten sind.<br>Kamera | ○ ↗ |

| 0526 | Wie wird Authentifizierung im Internet heute umgesetzt?<br>Kerberos | ○ ↗ |

| 0527 | Welcher der sechs Grundsäte von Kerckhoffs ist der wesentlichste?<br>Kerckhoffs' Prinzip | ○ ↗ |

| 0528 | Benenne drei Software-Applikationen mit einem Kernel.<br>Kernel | ○ ↗ |

| 0529 | Beschreibe, wie IT mit der Lebens- und Vorstellungswelt von Kindern verbunden sein kann.<br>Kernidee | ○ ↗ |

| 0530 | Von was wird ein derivativer Schlüssel in Spot-On abgeleitet?<br>Key Derivation Funktion | ○ ↗ |

| 0531 | Installiere und teste Openboard als neue Tastatur.<br>Keylogger | ○ ↗ |

| 0532 | Vergleiche den KGB mit dem FBI, was fällt an Unterschieden auf?<br>KGB | ○ ↗ |

| 0533 | 🌀 | Male mit einem Grafik-Programm ein Kunstwerk, das einen Klammeraffen enthält.<br>Klammeraffe | ○ | ↗ |
| 0534 | 🌀 | In welchen Bereichen kann ein Klarname kontraproduktiv sein?<br>Klarnamenszwang | ○ | ↗ |
| 0535 | 🌀 | Wie kann sichergestellt werden, dass Klartext nicht durch die Internet-Leitung heimlich hochgeladen wird?<br>Klartext | ○ | ↗ |
| 0536 | 🌀 | Finde und beschreibe einen Bauplan von Objekten, die zu einer Klasse gehören.<br>Klasse | ○ | ↗ |
| 0537 | 🌀 | Wer sollte nun begründet als Finder des Phänomens gelten?<br>Kleine-Welt-Phänomen | ○ | ↗ |
| 0538 | 🌀 | Wie viele Knotenpunkte hat die Königsberger Brücke als Beispiel aus der Graphentheorie?<br>Knotenpunkt | ○ | ↗ |
| 0539 | 🌀 | Welcher Codec ist populär?<br>Kodierer | ○ | ↗ |
| 0540 | 🌀 | Wie werden Übertragungsfehler zu Objekten im Weltraum ausgeschlossen?<br>Kodierungstheorie | ○ | ↗ |
| 0541 | 🌀 | Recherchiere, wer zuletzt eine Kollision beim Hashen gefunden hat - um welchen Hash handelte es sich?<br>Kollisionsangriff | ○ | ↗ |
| 0542 | 🌀 | Nenne einen mächtigen Befehl an einen Computer!<br>Kommando | ○ | ↗ |
| 0543 | 🌀 | Rufe unter Windows die Kommandozeile auf.<br>Kommandozeile | ○ | ↗ |

| 0544 | ✹ | Was unterscheidet netzbasierte Kommunikation von persönlicher Kommunikation?<br>Kommunikation | ○ ↗ |

| 0545 | ✹ | Welche Kommunikationsprotokolle sind besonders für einen Gruppenchat geschrieben worden?<br>Kommunikationsprotokoll | ○ ↗ |

| 0546 | ✹ | Nenne zwei technische Produkte, die miteinander kompatibel sind.<br>Kompatibilität | ○ ↗ |

| 0547 | ✹ | Welche Probeme sind der Theorie nach besonder komplex?<br>Komplexitätstheorie | ○ ↗ |

| 0548 | ✹ | Lerne die Konfigurationsmöglichkeiten in einem BIOS.<br>Konfiguration | ○ ↗ |

| 0549 | ✹ | Ist eine Häufigkeitsanalyse heute noch sinnvoll?<br>Konfusion | ○ ↗ |

| 0550 | ✹ | Hat die Königsberger Brücke einen Eulerkreis?<br>Königsberger Brückenproblem | ○ ↗ |

| 0551 | ✹ | Welche weitere Aussagen-Logik kann bestehen?<br>Konjunktion | ○ ↗ |

| 0552 | ✹ | Finde einen Anwendungszweck, warum es sinnvoll ist, die Reihenfolge einer Liste nicht zu verändern.<br>Konkatenation | ○ ↗ |

| 0553 | ✹ | Beschreibe den PDCA-Kreis mit Maßnahmen zur Verbesserung des Energiemanagements Deines Gaming-PCs zuhause.<br>Kontinuierlicher Verbesserungsprozess | ○ ↗ |

| 0554 | ✹ | Erläutere das XOR-Gatter und zeige Kontravalenz auf.<br>Kontravalenz | ○ ↗ |

| 0555 | Erstelle ein Konzept, ein Gebäude mit Photovoltaik auszustatten.<br>Konzept |
|---|---|

| 0556 | Können technisch Versierte einen Kopierschutz umgehen bzw. knacken?<br>Kopierschutz |
|---|---|

| 0557 | Seit wann besteht Kotlin?<br>Kotlin |
|---|---|

| 0558 | Welche Bereiche sind systemrelevant?<br>KRITIS |
|---|---|

| 0559 | Kann die Kryptoanalyse bei heutigen Algorithmen noch erfolgreich sein? Was hat sie aktuell herausgefunden?<br>ryptoanalyse |
|---|---|

| 0560 | inde ein Kryptogramm, dass in einer Boulevard-eitung Leser unterhalten könnte.<br>ryptogramm |
|---|---|

| 0561 | Nenne wesentliche Algorithmen in der Kryptographie.<br>Kryptographie |
|---|---|

| 0562 | Benenne und erläutere zwei verschiedene Schlüssel-Vereinbarungs-Protokolle, bei dem der Schlüssel nicht übertragen werden muss.<br>Kryptographie, derivative |
|---|---|

| 0563 | Was ist in der Mathematik eine ganzrationale Funktion?<br>Kryptographie, multivariate |
|---|---|

| 0564 | Beschreibe anhand der Quanten-Computer, warum und wie kryptographische Agilität zukunftssicher machen kann.<br>Kryptographische Agilität |
|---|---|

| 0565 | | Welche Applikationen nutzen ein kryptographisches Routing? Wie ist dieses ausgestaltet?<br>Kryptographisches Routing | ○ | ↗ |

| 0566 | | Befrage eine künstliche Intelligenz, worin der Kryptographische Wandel besteht.<br>Kryptograpischer Wandel | ○ | ↗ |

| 0567 | | Als Studierender: Erstelle ein thematisch gruppiertes Seminarkonzept mit 12 Vorlesungen bzw Oberthemen, in dem möglichst viele (alle relevante?) Begriffe des vorliegenden Lexikons hematisch zugeordnet sind. Gruppiere bzw. sortiere lle Begriffe in 12 zu<br>ryptologie | ○ | ↗ |

| 0568 | | rkläre das PKI-Verfahren anhand des McEliece-lgorithmus.<br>ryptosystem, asymmetrisches | ○ | ↗ |

| 0569 | | Erkläre die Geheimwort-Verschlüsselung anhand des AES-Algorithmus.<br>Kryptosystem, symmetrisches | ○ | ↗ |

| 0570 | | Neben BitCoin haben sich zahlreiche weitere Währungen etabliert. Welche ist die Zweitbeste?<br>Kryptowährung | ○ | ↗ |

| 0571 | | In welchen Bereichen wird Künstliche Intelligenz eingesetzt?<br>Künstliche Intelligenz | ○ | ↗ |

| 0572 | | Wer hat an Dilithium mitgearbeitet?<br>Kyber | ○ | ↗ |

| 0573 | | Wir wird ein LAN mit IPV6 zum Internet hin abgesichert?<br>LAN | ○ | ↗ |

| 0574 | | Was kennzeichnet Monte-Carlo-Algorithmen?<br>Las Vegas Algorithmus | ○ | ↗ |

| 0575 | ✺ | Berechne, ob Laserdrucker oder Tintenstrahl-Drucker teurer in der Unterhaltung sind.<br>Laserdrucker | ○ ↗ |
| 0576 | ✺ | Schließe ein NAS als Laufwerk an den Computer an.<br>Laufwerke | ○ ↗ |
| 0577 | ✺ | Wann und unter welchen Umständen wurde der Große Lauschangriff in Deutschland eingeführt?<br>Lauschangriff | ○ ↗ |
| 0578 | ✺ | Was versteht man unter Trägermultiplikation?<br>Lawinen-Durchbruch | ○ ↗ |
| 0579 | ✺ | Zeige ein Beispiel für einen Lawineneffekt.<br>awinen-Effekt | ○ ↗ |
| 0580 | ✺ | Erstelle ein Layout für ein Plakat zum Global Encryption Day mit seinen vor Dir geplanten Ereignissen.<br>Layout | ○ ↗ |
| 0581 | ✺ | Schreibe Dein Alias in Leetspeak.<br>Leetspeak | ○ ↗ |
| 0582 | ✺ | Warum ist Hash-Lemma eine Datenschutzverstärkung?<br>Leftover Hash-Lemma | ○ ↗ |
| 0583 | ✺ | Erstelle mit der Moodle Lernplattform einen Scorm-kompatiblen Lehr-Content.<br>Lernplattform | ○ ↗ |
| 0584 | ✺ | In welcher Reihenfolge setzen Lexer und Parser die Zerlegung einer Zeichenkette um?<br>Lexikalische Analyse | ○ ↗ |
| 0585 | ✺ | Benenne eine Dating-App für den Personenkreis aus dem App-Store.<br>LGBTQIA+ | ○ ↗ |

| 0586 | Welche Nationalität hat der Haupt-Entwickler von Libgcrypt?<br>Libgcrypt | ○ ↗ |
| 0587 | Prüfe, welches Buch über Vitamin D Du in einer nline- oder Schattenbibliothek auswählen würdest.Library Genesis | ○ ↗ |
| 0588 | Teste die Konvertierfunktion von Calc zu Excel.<br>LibreOffice | ○ ↗ |
| 0589 | Spezifiziere das optische Kabel an vielen Stereoanlagen: ist dieses ein Lichtwellenleiter?<br>Lichtwellenleiter | ○ ↗ |
| 0590 | Welches Vorteile hat dieses Prinzip gegenüber anderen Prinzipien der Lagerhaltung?<br>LIFO | ○ ↗ |
| 0591 | Flasche ein altes Android-Hand mit LineageOs.<br>LineageOS | ○ ↗ |
| 0592 | Zeichne ein Liniendiagramm über die Anzahl von Menschen an einem Ort zu verschiedenen Zeiten.<br>Liniendiagramm | ○ ↗ |
| 0593 | Wie viele DLL Dateien kennt das Windows-System-Verzeichnis?<br>Linker | ○ ↗ |
| 0594 | Installiere das Ubuntu-Linux.System.<br>Linux | ○ ↗ |
| 0595 | Installiere Linux Mint Cinnamon.<br>Linux Mint | ○ ↗ |
| 0596 | Eröffne in der Applikation Spot-On mit einem Listener einen Chat-Server.<br>Listener | ○ ↗ |
| 0597 | Recherchiere ein Muster eines wirtschaftlichen Lizenzvertrags - was regelt er?<br>Lizenz | ○ ↗ |

| 0598 | In welcher Mathe-Klasse erlernen Schüler das Wort "Integer" erstmalig?<br>Integer | ○ ↗ |

| 0599 | Teste, ob ein FTP-Klient oder ein Browser über PatchPoints an einen entsprechenden Server über Patch-Points angebunden werden kann.<<br>Local Private Application Interfaces (Patch Points) | ○ ↗ |

| 0600 | Welche RFC beschreiben Localhost?<br>Localhost | ○ ↗ |

| 0601 | Erstelle eine Lochkarte, die ein Cardan-Gitter ist.<br>Lochkarte | ○ ↗ |

| 0602 | Wie viele Zeichen sollte ein Log in Passwort idealerweise haben?<br>log in/on - out/off | ○ ↗ |

| 0603 | Finde und inspiziere eine Applikation, die eine Log-Datei erstellt.<br>Logging | ○ ↗ |

| 0604 | Finde oder erstelle ein Logikrätsel.<br>Logical | ○ ↗ |

| 0605 | Nenne ein rhetorisches Stilmittel, bei dem es auf Logik ankommt.<br>Logik | ○ ↗ |

| 0606 | Zeichne und erläutere ein Logikgatter.<br>Logikgatter | ○ ↗ |

| 0607 | Diskutiere Verletzungen von Rechten im Internet. Welche Rechtsverletzungen gibt es, die eine Login-Falle rechtfertigen?<br>Login-Falle | ○ ↗ |

| 0608 | Stelle „UND"/„ODER"-Verknüpfungen im Logik-Gatter dar.<br>Logischer Operator | ○ ↗ |

| 0609 | ✺ | Suche einen Online-Shop, in dem man ein LoRaWAN-Endgerät mit Antenne bestellen kann. <br> LoRaWAN | ○ ↗ |

| 0610 | ✺ | Übe/Erstelle eine XOR-Verknüpfung mit einem zu verschlüsselnden Wort und einem Passwort. <br><br> orenz-Schlüsselmaschine | ○ ↗ |

| 0611 | ✺ | Sind Betriebsräte, die sich gegen Stellenabbau durch Rationalisierungen und Robotereinsatz wenden, Luditten? <br> Luddismus | ○ ↗ |

| 0612 | ✺ | Beschreibe einen bekannten MAC-Algorithmus. <br> MAC | ○ ↗ |

| 0613 | ✺ | Welche Sicherheitsmerkmale kennt Mac OS? <br> Mac OS | ○ ↗ |

| 0614 | ✺ | Finde die MAC-Adresse des Smartphones heraus. <br> MAC-Adresse | ○ ↗ |

| 0615 | ✺ | Recherchiere ein Drucker-Modell, dass MIC verwendet. <br> Machine Identification Code | ○ ↗ |

| 0616 | ✺ | Inwiefern kann ein zweiter Kanal oder eine Zwei-Faktor-Authentifizierung eine Maschine in der Mitte ausschließen? <br> Machine-in-the-Middle | ○ ↗ |

| 0617 | ✺ | Wie lauten die kryptographischen Werte-Definitionen bei einem Magnet-Link? <br> Magnet-Link | ○ ↗ |

| 0618 | ✺ | Seit wann wird auch in unserem Land jeder Briefumschlag abfotografiert? Was bedeutet das für das Postgeheimnis? <br> Mail Isolation Control and Tracking | ○ ↗ |

| 0619 | Wie kann die Gruppe einer Mailingliste verschlüsselt kommunizieren? Erstelle oder suche ein Konzept.<br>Mailingliste | ○ ↗ |

| 0620 | Wenn ein Nutzer mit RSA-Algorithmus zu einem Nutzer mit McEliece-Algorithmus chatten kann – wird das dann als Malleabilität bezeichnet?<br>Malleability | ○ ↗ |

| 0621 | In welchen Bereichen und wie kann in der IT manipuliert werden?<br>anipulation | ○ ↗ |

| 0622 | inwiefern ist das Marbel-Calling interaktionsfrei? Beschreibe das Konzept.<br>Marble-Calling | ○ ↗ |

| 0623 | Welche Rolle spielt der Marktbegleiter im Wettbewerb?<br>Marktbegleiter | ○ ↗ |

| 0624 | Erläutere eine Maßnahme der globalen Massenüberwachung.<br>Massenüberwachung | ○ ↗ |

| 0625 | Beschreibe, inwieweit Server-Inhaber bei Mastodon Zensur ausüben können oder nicht.<br>Mastodon | ○ ↗ |

| 0626 | Ordne alle Mitglieder der Lerngruppe in 2er Paaren an, in der Annahme, dass sie sich bestens verstehen und zueinander passen. Begründe, warum das 2er-Matching aus Deiner Sicht perfekt ist anhand von mindestens zwei Kriterien.<br>Matching | ○ ↗ |

| 0627 | Erläutere die Teilbereiche der Mathematik und wähle eine Präferenz.<br>Mathematik | ○ ↗ |

| 0628 | ✆ | Erstelle eine 6x6-Matrize als Template.<br>Matrix | ○ ↗ |
| 0629 | ✆ | Schätze ab, wie viel Anteil in Prozent ein Matrix-Server Ciphertext prozessiert.<br>Matrix-Server | ○ ↗ |
| 0630 | ✆ | Inwiefern ist eine Matryoshka eine Metapher für Multiverschlüsselung?<br>Matryoshka | ○ ↗ |
| 0631 | ✆ | Der Messenger Smoke nutzt vier verschiedene Moduli von McEliece: Berechne den jeweils entstehenden Datenumfang des öffentlichen Schlüssels in MB.<br>McEliece-Algorithmus | ○ ↗ |
| 0632 | ✆ | Beschreibe die Schritte, wie der Schlüssel beim McEliece-Messaging bislang ausgetauscht wird.<br>McEliece-Messaging | ○ ↗ |
| 0633 | ✆ | Wie können die bei der Medizintechnik anfallenden Daten gesichert und genutzt werden?<br>Medizintechnik | ○ ↗ |
| 0634 | ✆ | Worin unterscheidet sich ein Meet-in-the-middle-Angriff von einem Maschine-in-the-Middle-Angriff und deren Absicherungen?<br>Meet-in-the-Middle attack | ○ ↗ |
| 0635 | ✆ | Wie - und wo nicht - trägt das Internet zur Meinungsfreiheit bei?<br>Meinungsfreiheit | ○ ↗ |
| 0636 | ✆ | Welche technischen IT-Berufe haben als Abschluss einen Meister?<br>Meister | ○ ↗ |
| 0537 | ✆ | Ist die Nummer des Personalausweises eine Menschennummer?<br>Menschennummer | ○ ↗ |

| 0638 | ✿ | Durch welche technischen Maßnahmen können Menschenrechte im Internet gefährdet sein?<br>Menschenrechte | ○ | ↗ |

| 0639 | ✿ | Welche Elemente benötigt ein Verschlüsselungsprogramm im Menü? Erstelle ein GUI-Konzept.<br>Menü | ○ | ↗ |

| 0540 | ✿ | Welcher Hash-Algorithmus wird üblicherweise für einen Message-Digest verwendet?<br>Message Digest | ○ | ↗ |

| 0641 | ✿ | Wird die Messaging Layer Security (MLS) symmetrisch oder asymmetrisch hergestellt?<br>Messaging Layer Security | ○ | ↗ |

| 0642 | ✿ | Welche quell-offene Server für Messaging-Systeme bestehen?<br>Messaging-System | ○ | ↗ |

| 0643 | ✿ | Erläutere die Historie des Messagings bis hin zum McEliece-Messaging.<br>Messenger | ○ | ↗ |

| 0644 | ✿ | Wieviel Prozent der Weltbevölkerung hat Meta mit all seinen Apps registriert?<br>Meta | ○ | ↗ |

| 0645 | ✿ | Welche Metadaten kann eine Datenspeicherung beim ISP aufzeichnen?<br>Metadaten | ○ | ↗ |

| 0646 | ✿ | Welche Metasuchmaschine ist bekannt und auf welchen Suchmaschinen baut sie auf?<br>Metasuchmaschine | ○ | ↗ |

| 0647 | ✿ | Warum ist die Dokumentation des Weges in der Wissenschaft ebenso wichtig wie eine Ergebnis-Dokumentation?<br>Methode | ○ | ↗ |

| 0648 | ✸ | Erstelle eine Mitarbeiteranzahl- und Umsatz-Kurve über die Jahre von Microsoft.<br>Microsoft | ◯ ↗ |
|---|---|---|---|
| 0649 | ✸ | Warum fordert Microsoft Telemetriedaten von den Windows-Nutzern ein?<br>icrosoft Windows | ◯ ↗ |
| 0650 | ✸ | Recherchiere, was die höchste Anzahl an Mikrofonen jemals in einem Smartphone war.<br>Mikrofon | ◯ ↗ |
| 0651 | ✸ | Welche Abwehrmaßnahmen ergeift der MAD?<br>Militärischer Abschirmdienst | ◯ ↗ |
| 0652 | ✸ | Welche weiteren Cross-Compiler gibt es neben MinGW?<br>MinGW | ◯ ↗ |
| 0653 | ✸ | Welcher webbasierte MIT-Kurs interessiert Dich? Beschreibe die Inhalte.<br>MIT | ◯ ↗ |
| 0654 | ✸ | Was kommt den Prozessen eines Mix-Kaskaden-Netzwerkes näher, Tor oder Echo?<br>Mix-Kaskaden-Netzwerke | ◯ ↗ |
| 0655 | ✸ | Ermittle das in der Gruppe durchschnittlich verfügbare Datenvolumen beim mobilen Internet.<br>Mobiles Internet | ◯ ↗ |
| 0656 | ✸ | Was sind die Vor- und Nachteile des 5G-Mobilfunknetzes?<br>Mobilfunknetz | ◯ ↗ |
| 0657 | ✸ | Zeichne ein Grafik-Modell eines selbstgewählten, beliebigen Begriffes aus der IT.<br>Modell | ◯ ↗ |

| 0658 | ✿ | Welche quell-offenen Chat-Server analysiert die MOMEDO-Studie?<br>MOMEDO-Studie | ○ | ↗ |

| 0659 | ✿ | Wie lange dauert es, einen Monero selbst "zu schürfen", durch Berechnung zu erstellen?<br>Monero | ○ | ↗ |

| 0660 | ✿ | Entwerfe ein Dash-Board, um den Schulbetrieb in einem Monitoring zu erfassen. Welche Messungen bzw.Aufzeichnungen sind relevant?<br>Monitoring | ○ | ↗ |

| 0661 | ✿ | Weise mit einer Statistik nach, ob die "Digitale Revolution" z.B. nach Moore schon stattgefunden hat.<br>Mooresches Gesetz | ○ | ↗ |

| 0662 | ✿ | Was ist die ideale Größe eines Einzelteilchens bei dem Transfer einer Datei?<br>Mosaic | ○ | ↗ |

| 0663 | ✿ | Wie integriert die E-Mail-Applikation Mozilla Thunderbird neben E-Mail auch Chat und einen Kalender?<br>Mozilla Thunderbird | ○ | ↗ |

| 0664 | ✿ | Worin unterscheidet sich MPEG als Format von AVI?<br>MPEG | ○ | ↗ |

| 0665 | ✿ | Welche MS-Dos-Befehle sollte ein Windows-Nutzer heute noch kennen?<br>MS-DOS | ○ | ↗ |

| 0666 | ✿ | Wie war der MELODICA-Button graphisch ausgestaltet und warum?<br>Multi Encrypted Long Distance Calling | ○ | ↗ |

| 0667 | ✿ | Welche weiteren "Cast"-Arten sind neben Multicast bekannt?<br>Multicast | ○ | ↗ |

| 0668 | Zeichne zunächst eine Grafik mit verschiedenen Punkten als Teilnehmer eines Netzwerkes und erdeutliche anhand zweier Grafiken, wie sich ulticast von Broadcast unterscheidet.<br>ulticast Key |

| 0669 | Wie viele Hops kennt das Gnutella-Protokoll im Vergleich zum Turtle-Hopping-Protokoll?<br>Multi-Hop |

| 0670 | Recherchiere eine Messaging-Software, die mit geichzeiten Instanzen auf mehreren Geräten installiert werden kann und probiere dieses aus.<br>Multiple Devices |

| 0671 | Welche Protokolle unterstützt der Multiprotocol Client Pidgin?<br>Multiprotocol Clients |

| 0672 | Nenne drei Autoren, die sich mit Multiverschlüsselung beschäftigt haben.<br>Multi-Verschlüsselung |

| 0673 | Was kann Mumble von Discord lernen?<br>Mumble |

| 0674 | Wenn Leitungen eines Intranets oder VPNs angezapft sein können, was muss dann darin besonders verschlüsselt werden?<br>MUSCULAR |

| 0675 | Was unterscheidet MariaDB von MySQL?<br>MySQL |

| 0676 | Ein Eulerkreis ist in der Graphentheorie ein Zyklus, der alle Kanten eines Graphen genau einmal enthält. Wie viele Knotenpunkte außerhalb des Zyklus hat die Nachbarumgebung?<br>achbarumgebung |

| | | |
|---|---|---|
| 0677 | Welche Absicherungen können getroffen werden, wenn Schlüssel der Inhalt einer Nachricht sein sollen?<br>Nachricht | ○ ↗ |
| 0678 | Enthält NaCl den McEliece-Algorithmus und ist damit zukunftssicher?<br>NaCl | ○ ↗ |
| 0679 | Kann alles hinter einem NAT mit einem Intranet gleichgesetzt werden oder bedarf es zur Absicherung zusätzlicher Maßnahmen?<br>NAT | ○ ↗ |
| 0680 | Welche deutsche Agentur überwacht den Internet-Verkehr der Bürger in welchem Umfang und auf welcher rechtlichen Basis?<br>National Security Agency | ○ ↗ |
| 0681 | Finde die beste quelloffene Navigations-Software, die OpenStreet-Map als Datengrundlage nutzt.<br>Navigationssysteme | ○ ↗ |
| 0682 | Nutze Netcat als Server für einen Chat und versuche auch einen verschlüsselten Chat aus der Applikation Spot-On über einen Netcat-Server zu etablieren.<br>Netcat | ○ ↗ |
| 0683 | Stelle 10 Regeln zur Netiquette im Internet auf.<br>Netiquette | ○ ↗ |
| 0684 | Wandle einen alten Laptop mit quell-offener NAS-Software in eine NAS um.<br>Network Attached Storage | ○ ↗ |
| 0685 | Warum sollte sich Netzneutralität nicht auf verschlüsselte Pakete beziehen?<br>Netzneutralität | ○ ↗ |
| 0686 | Sammle Regeln von Netiquette im Internet und diskutiere, welche ein allgemeines Gesetz werden sollten und warum?<br>Netzpolitik | ○ ↗ |

| 0687 | Bilde mit drei Linux-Maschinen ein Netzwerk, so dass jeder auf die Festplatte des anderen zugreifen kann.<br>Netzwerk |

| 0688 | Warum verhindert eine Netiquette Hasspostings nicht?<br>Netzwerkdurchsetzungsgesetz |

| 0689 | Welche Rolle spiel die Bereitschaft, sich auf Innovationen und technische Veränderungen einzulassen, bei den Verbreitern von Verschwörungstheorien Deiner Meinung nach?<br>Neue Weltordnung |

| 0690 | Recherchiere eine technische Maßnahme, wie die Handies von Politikern gegen Überwachung geschützt werden.<br>Neuland |

| 0691 | Inwiefern bieten neuronale Netze ein Modell für maschinelles Lernen?<br>Neuronales Netz |

| 0692 | Sind alternative Nachrichten-Kanäle eine Alternative zu Massenmedien, um deren ggf. bestehenden News-Bias auszugleichen? Analysiere einen alternativen News-Kanal.<br>News Bias |

| 0693 | Teste den Chat über Nextcloud: Operiert diese Telekommunikationsanlage verschlüsselt?<br>extcloud |

| 0694 | Verbinde Browser und nginx in seiner Proxy-Funktion per Localhost an zwei Patch-Points: Ist surfen möglich?<br>nginx |

| 0695 | Für wen ist es in welchen Situationen wichtig, abstreiten zu können?<br>Nicht-Abstreitbarkeit |

| 0696 | Welche NGO kümmert sich um die Digitale Sicherheit und Privatsphäre der Bürger?<br>Nichtregierungsorganisation |
| 0697 | Welche Argumente sind dem Nichts-zu-verbergen-Argument zu entgegnen?<br>Nichts-zu-verbergen-Argument |
| 0698 | Warum empfiehlt sich online ein Nickname?<br>Nickname |
| 0699 | Wie, wann und warum hat das NIST den McEliece-Algorithmus zertifiziert?<br>NIST |
| 0700 | Teste Nmap mit der eigenen IP zuhause.<br>Nmap |
| 0701 | Finde Gründe, warum die Strategie zu wenig umgesetzt wird.<br>No-Plaintext-Strategie |
| 0702 | Definiere, was ein normaler Nutzer in der IT können muss oder können sollte.<br>Normie |
| 0703 | Beschreibe, wie die Account-losen Nostr-Relays funktionieren, und wie diese Funktion Mastodon verändern könnte.<br>Nostr |
| 0704 | Trainiere eine SmartHome-Spracherkennung wie Alexa oder andere, per Sprachkommando die Stromversorgung für den Computer auszuschalten.<br>Notausschalter |
| 0705 | Warum sollte man eine Datei noch verschlüsseln, wenn sie doch schon durch einen verschlüsselten Kanal geht?<br>NOVA |

| 0706 | ✺ | Was berichten die Medien über den Einsatz von Pegasus? Ist er gerechtfertigt?<br>NSO Group | ○ ↗ |

| 0707 | ✺ | Wann wurde NTL zuletzt aktualisiert?<br>NTL | ○ ↗ |

| 0708 | ✺ | Finde Gründe jenseits technischer Spezifikationen, warum NTRU als Algorithmus nicht so populär sein könnte wie der McEliece-Algorithmus oder gebe Empfehlungen, wie er bekannter werden könnte.<br>NTRU | ○ ↗ |

| 0709 | ✺ | Verberge den Cipher-Text eines Schlüssels in einem umfangreichen Klartext.<br>Null-Chiffre | ○ ↗ |

| 0710 | ✺ | Neben Cookies: Welche technischen Möglichkeiten bestehen, Nutzer im Internet zu verfolgen?<br>Nutzerverfolgung | ○ ↗ |

| 0711 | ✺ | Wo ist der nächste Backbone in der Region? Kann eine Betriebsbesichtigung stattfinden?<br>OAKSTAR | ○ ↗ |

| 0712 | ✺ | Warum wird für die Gründe der Obfuskation nicht stark verschlüsselt, sondern nur ein wenig „gescrambelt"?<br>Obfuskation | ○ ↗ |

| 0714 | ✺ | Benenne eine objektorientierte Programmiersprache.<br>Objekt | ○ ↗ |

| 0715 | ✺ | Welche Philosophie weist das OFFSystem dem XORen zu?<br>OFFSystem | ○ ↗ |

| 0716 | ✺ | Vergleiche OTR mit OMEMO und Fiasco Forwarding: Welche Unterschiede bestehen?<br>Off-the-Record Messaging | ○ ↗ |

| | | | | |
|---|---|---|---|---|
| 0717 | ✿ | Vergleiche OMEMO mit OTR und Fiasco Forwarding: Welche Gemeinsamkeiten bestehen?<br>OMEMO | ○ | ↗ |
| 0718 | ✿ | Wie unterscheidet Spot-On einen One-Time-Magnet von einem regulären Magneten mit kryptographischen Werten?<br>One-Time-Magnet | ○ | ↗ |
| 0719 | ✿ | Muss der Schüssel eines One-Time-Pads nur geheim sein oder auch wirklich zufällige Zeichen enthalten?<br>One-Time-Pad | ○ | ↗ |
| 0720 | ✿ | Erläutere den Weg zum Chat-Server in einer Graphen-Abbildung mit Knotenpunkten.<br>OnionShare | ○ | ↗ |
| 0721 | ✿ | Welchen Algorithmus nutzt TLS bei Online-Banking?<br>Onlinebanking | ○ | ↗ |
| 0722 | ✿ | Warum sollte man nicht davon ausgehen, dass jede Applikation oder modulare Funktion eines Betriebsystems das Gerät und seine Inhalte scannen und hochladen kann? Mit welchen technichen Mitteln kann der unbemerkte Upload eingeschränkt oder gar blockiert wer<br>Online-Durchsuchung | ○ | ↗ |
| 0723 | ✿ | Vergleiche die Kundenprozesse von zwei Online-Shopping-Portalen, was kann eines davon besser machen?<br>Onlineshopping | ○ | ↗ |
| 0724 | ✿ | Daten und Prozesse auf einem eigenen Server vor Ort statt in der ggf. unsicheren Cloud bedingen Techniker vor Ort, die sich damit auskennen. Warum lässt Fachkräftemangel die Sicherheit in der Cloud überbewerten?<br>On-Premises | ○ | ↗ |

| 0725 | | Was bedeutet Open Access für das Verdienstmodell von Wissenschaftsverlagen und deren Rolle sowie Verdienstinteressen?<br>Open Access | |
| 0726 | | Welche Daten Deiner Stadt beruhen auf Open Data und wann wurden sie zuletzt aktualisiert?<br>Open Data | |
| 0727 | | Installiere Open Office. Wähle einen Messenger aus, der gut in die Suite passen würde und begründe einen Integrationsplan.<br>Open Office | |
| 0728 | | Welche weiteren Online-Portale zur Bürgerbeteiligung werden in der Politikwissenschaft analysiert?<br>openPetition | |
| 0729 | | Vergleiche die Kosten von GPG mit OpenPGP.<br>OpenPGP | |
| 0730 | | Welche Portale sammeln regelmäßig Spenden ein und wie hoch sind diese?<br>Open-Source-Finanzierung | |
| 0731 | | Finde und mache Verbesserungsvorschläge für ein Download-Portal, das nur Open-Source-Software anbietet.<br>Open-Source-Software | |
| 0732 | | Über welche Kanäle kommunizieren die Entwickler von OpenSSH Feature-Requests?<br>OpenSSH | |
| 0732 | | Welche Bug-Meldungen sind zuletzt beim OpenSSL-Projekt besprochen worden?<br>OpenSSL | |
| 0733 | | Bring in Dein Passbild mit OpenStego eine geheime Botschaft.<br>OpenStego | |

| | | | | |
|---|---|---|---|---|
| 0734 | | Prüfe in OpenStreetMap, wo die drei nahesten öffentlichen Bücherschränke stehen und spende für diese ein Lexikon.<br>OpenStreetMap | ○ | ↗ |
| 0735 | | Installiere den Server von OpenVPN.<br>OpenVPN | ○ | ↗ |
| 0736 | | Finde einen kleinen Computer mit zwei LAN-Eingängen für OPNsense Firewall: Was kostet dieser in Anschaffung und Unterhaltung (Strom)?<br>OPNsense Firewall | ○ | ↗ |
| 0737 | | Finde einen passenden Namen für eine Projekt, dass die Chats von WhatsApp überachen könnte.<br>Optic Nerve | ○ | ↗ |
| 0738 | | Erläutere eine Schicht.<br>OSI Modell | ○ | ↗ |
| 0739 | | News-Channels in Messengern sind sehr beliebt, wie kann die Erkennung eines News-Bias von den Teilnehmern besser erkannt werden?<br>Over-the-top content | ○ | ↗ |
| 00740 | | Ozone ist nicht nur eine Postbox für Offline-Nachrichten im Server Smokestack - was kann diese Funktion noch?<br>Ozone Postbox | ○ | ↗ |
| 0741 | | Welcher Kryptograph hat sich mit dem Padding beschäftigt?<br>Padding | ○ | ↗ |
| 0742 | | Wie kann PAKE interaktionsfrei ausgestaltet werden?<br>PAKE | ○ | ↗ |
| 0743 | | Ist es ethisch zu vertreten für Wirtschaftsinteressen Informationen über die Bürger in einer Datenbank zu sammeln und zu analysieren?<br>Palantir Technologies | ○ | ↗ |

| 0744 | Wie und warum kann Überwachungsdruck oder ein Bewusstsein darüber Verhalten regelkonformer gestalten?<br>Panopticon |
| 0745 | Bereite Dich mit einem Partner vor und diskutiere zwei gegensätzliche Paradigmen in einer simulierten Podiumsdiskussion.<br>Paradigma |
| 0746 | Beschreibe die Parameter eines technischen Gerät, die Du gut kennst. Kann die Gruppe das Gerät erraten?<br>Parameter |
| 0747 | Was sind heute die Kriterien an ein optimales Passwort?<br>Passwort |
| 0748 | Ermittle in unterschiedlichen Portalen die Quote von zugänglichen und hinter einer Paywall stehenden Meldungen.<br>Paywall |
| 0749 | Gebe ein konkretes Beispiel, wo PDCA einen Zustand verbesserte.<br>PDCA |
| 0750 | Wie gross kann ein Dokument-Format maximal sein, dass in ein PDF gewandelt werden kann?<br>PDF |
| 0751 | Was kann die Verbindung zu einem Peer (P2P) von der Verbindung zu einem Friend (F2F) unterscheiden?<br>Peer |
| 0752 | Beschreibe die bekannteste Applikation für P2P.<br>Peer-to-Peer |

| 0753 | Für welche Plattformen wird der Trojaner Pegasus entwickelt?<br>Pegasus Spyware |
| 0754 | Wie kann Pepper sicher an einen zweiten Ort übertragen und gespeichert werden?<br>Pepper |
| 0755 | Worin besteht die Umständlichkeit Perfekter Sicherheit und wie kann man den Aufwand reduzieren?<br>Perfekte Sicherheit |
| 0756 | Nenne ein Programm, das in Perl geschrieben wurde.<br>Perl |
| 0757 | Stelle eine Regel für eine Permutation auf.<br>Permutation |
| 0758 | Wie und wie lange werden Nutzer für personalisierte Werbung identifiziert?<br>Personalisierte Werbung |
| 0759 | Nenne übliche personenbezogene Daten.<br>Personenbezogene Daten |
| 0760 | Wann und in welchen Fällen wird das Persönlichkeitsrecht im Internet verletzt?<br>Persönlichkeitsrecht |
| 0761 | Aus welchen Gründen sollte Informatik ein Pflichtfach in der Schule sein?<br>Pflichtfach |
| 0762 | Worin unterscheidet sich pfSense von OPNSense? Welche ist für Deine Zwecke besser geeignet?<br>pfSense |

| 0763 | In welchen Situationen ist man geneigt, seine Kreditkarten-Nummer erstmalig oder ein zweites Mal einzugeben?<br>Phishing |
| 0764 | Welches Board gestaltet die beste Forums-Software in PHP?<br>PHP |
| 0765 | Teste Ping.<br>Ping |
| 0766 | Worin besteht das Recht des Piraten zu dieben?<br>Piraterie |
| 0767 | Lese etwas mehr über die Playfair-Verschlüsselung und versuche Deinen Namen Playfair zu verschlüsseln.<br>Playfair |
| 0768 | Mit welchem quell-offenen Media-System kann man seine Filme aus einer Bibliothek streamen?<br>Plex |
| 0769 | Erstelle ein PNG unter Linux. Mit welchem Programm geht das?<br>PNG |
| 0770 | Erstelle eine Top 10 an frei zugänglichen Podcasts: Wie lauten die URLs?<br>Podcast |
| 0771 | Welche bekannten Rahmenvorschriften kennt die IT?<br>Policy |
| 0772 | Ist POP3 hinsichtlich Data at Rest sicherer als IMAP, da bei POP3 Daten regelmäßiger vom Server gelöscht werden und die Daten nicht auf zahlreiche Geräte synchronisiert werden?<br>POP3 |

| 0773 | POPTASTIC bezeichnet Chat über E-Mail-Server: teste den Chat in einer entsprechenden Applikation aus.<br>POPTASTIC-Protokoll | ○ ↗ |
| 0774 | Welcher Port wird für Webserver häufig genutzt?<br>Port | ○ ↗ |
| 0775 | Was spricht für PostgreSQL im Vergleich zu SQLite?<br>PostgreSQL | ○ ↗ |
| 0776 | Welche Applikationen verwenden PQC?<br>Post-Quantum Kryptographie | ○ ↗ |
| 0777 | In welchen Kabeln wird der Strom übertragen?<br>Power over Ethernet | ○ ↗ |
| 0778 | In welcher Szene wird von einer PreDB gesprochen? Was kennzeichnet diese Szene?<br>PreDB | ○ ↗ |
| 0779 | Warum verbindet man Schlüssel unterschiedlicher Zeitpunkte in andere ein?<br>Prekeys | ○ ↗ |
| 0780 | Warum sind Schülerzeitungen so wichtig?<br>Pressefreiheit | ○ ↗ |
| 0781 | Wie heissten die Big-Brother-Programme in unserem Land?<br>PRESTON | ○ ↗ |
| 0782 | Welche Relevanz hat PGP angesichts von GPG heute noch?<br>Pretty Good Privacy | ○ ↗ |
| 0783 | Zerlege eine konkrete Zahl in ihre Primfaktoren.<br>Primfaktorzerlegung | ○ ↗ |
| 0784 | Wie lautet in der Reihe die 100. Primzahl?<br>Primzahl | ○ ↗ |

| 0785 | ✹ | Erläutere ein Prinzip aus der IT.<br>Prinzip | ○ ↗ |
| 0786 | ✹ | Diskutiere, ob auch heute noch die AAMAM / GAFAM-Unternehmen überwachen?<br>PRISM | ○ ↗ |
| 0787 | ✹ | Gebe ein Beispiel, wie durch Default-Design die Privatheit verbessert werden kann.<br>Privacy by Default | ○ ↗ |
| 0788 | ✹ | Welche Funktionen kennt der SmokeStack-Server darüber hinaus?<br>Private Servers | ○ ↗ |
| 0789 | ✹ | Warum legen Menschen Wert auf Privatheit?<br>Privatheit | ○ ↗ |
| 0790 | ✹ | Worin kann die Entfaltung der Persönlichkeit bestehen?<br>Privatsphäre | ○ ↗ |
| 0791 | ✹ | Versuche, ein Programm aus dem Quelltext zu kompilieren.<br>Programm | ○ ↗ |
| 0792 | ✹ | Zeichne ein Fluss-Diagramm für die Vorbereitungen Deiner Geburtstagsparty.<br>Programmablaufplan | ○ ↗ |
| 0793 | ✹ | Welche Programmbibliotheken für Kryptographie gibt es?<br>Programmbibliothek | ○ ↗ |
| 0794 | ✹ | Nenne wesentliche, höhere Programmiersprachen.<br>Programmiersprache | ○ ↗ |
| 0795 | ✹ | Definiere die SMARTen Ziele eines Projektes.<br>Projekt | ○ ↗ |

| 0796 | Finde eine quell-offene Software zur Planung von Projekten und simulieren einen Plan für einen Hausbau.<br>Projektplanung | ○ ↗ |
| 0797 | Rufe die Kommando-Zeile unter Linux auf.<br>Prompt-Zeichen | ○ ↗ |
| 0798 | In welchen Bereichen gibt es noch keine gemeinfreie Lösungen? Erläutere, warum sie proprietär sind.<br>Proprietär | ○ ↗ |
| 0799 | Wie funktioniert ein Transparent-Proxy?<br>Proxy-Server | ○ ↗ |
| 0800 | Beschreibe eine Funktion eines Unterprogramms.<br>Prozedur / Prozedur-Aufruf | ○ ↗ |
| 0801 | Analysiere Dein Betriebssystem: Welche Prozesse laufen standardmässig und lassen sich nicht abschalten?<br>Prozess | ○ ↗ |
| 0802 | Wie aktiv ist PLOS heute? Welche Bedeutung hat die Historie von PLOS auf andere Open Access Modelle?<br>Public Library of Science (PLoS) | ○ ↗ |
| 0803 | Wer betreibt eine PKI?<br>Public-Key-Infrastruktur | ○ ↗ |
| 0804 | Recherchiere Sicherheitslücken, die durch buffer overflow entstanden sind.<br>Pufferüberlauf | ○ ↗ |
| 0805 | Welche E-Mail-Applikation sendet ebenso kurzlebige symmetrische Schlüssel nach dem Pure-Forward-Secrecy-Konzept?<br>Pure Forward Secrecy | ○ ↗ |

| 0806 | ✪ | Welche weitere Skript-Sprache ist so populär wie Python?<br>Python | ○ ↗ |

| 0807 | ✪ | Installiere Qt-Linguist und übersetze eine Applikation in Deine Sprache.<br>Qt Bibliothek | ○ ↗ |

| 0808 | ✪ | Welche Suchmaschinen sind europäisch?<br>Quaero-Projekt | ○ ↗ |

| 0809 | ✪ | Was bedeute in der IT der Unterschied von Qualitätssicherung zu Qualitätsentwicklung?<br>Qualitätssicherung | ○ ↗ |

| 0810 | ✪ | An welchen Orten gibt es Zugang zu Quanten-Computern?<br>Quanten-Computer | ○ ↗ |

| 0811 | ✪ | In welchem Bezug steht ein Spin zu einem Quantengatter?<br>Quantengatter | ○ ↗ |

| 0812 | ✪ | Welche quantenmechanische Phänomene gibt es?<br>Quanten-Informatik | ○ ↗ |

| 0813 | ✪ | Wie und wo werden Quantenkanäle erforscht?<br>Quantenkanal | ○ ↗ |

| 0814 | ✪ | Beschreibe die Anfänge der Quantenkryptographie.<br>Quantenkryptographie | ○ ↗ |

| 0815 | ✪ | Welche weiteren Hauptsäulen der Physik bestehen neben der Quantenmechanik?<br>Quantenmechanik | ○ ↗ |

| 0816 | ✪ | Wer hat sich insbesondere um den Quantenschlüsselaustausch verdient gemacht?<br>Quantenschlüsselaustausch | ○ ↗ |

| 0817 | ✸ | Zeige die Steigerung der Qubits in einer Zeitverlauf-Kurve auf.<br>Quantenüberlegenheit | ○ | ↗ |
| 0818 | ✸ | Beschreibe die möglichen Zustände von QuBits.<br>QuBit | ○ | ↗ |
| 0819 | ✸ | Recherchiere, ob Kanäle für Telemetriedaten auch Daten der Quellen-TKÜ übertragen können.<br>Quellen-TKÜ | ○ | ↗ |
| 0820 | ✸ | Ermittle bei Github-Projekten, wie viele durchschnittliche Beteiligte am Code es gibt,<br>Quell-offen | ○ | ↗ |
| 0821 | ✸ | Was unterscheidet Quelltext vom Klartext?<br>Quelltext | ○ | ↗ |
| 0822 | ✸ | Wie viele Queryhits liefert Gnutella bei der Suche nach dem Stichwort Madonna?<br>Query-Hits | ○ | ↗ |
| 0823 | ✸ | Vergleiche die Funktionen von QUIC mit SCTP.<br>QUIC | ○ | ↗ |
| 0824 | ✸ | Vergleiche das Konzept Login-Falle mit dem Konzept Quick-Freeze.<br>Quick-Freeze | ○ | ↗ |
| 0825 | ✸ | In welchem Radiofrequenzbereich befinden sich die Funkwellen des Radars?<br>Radar | ○ | ↗ |
| 0826 | ✸ | Beschreibe zwei RAID-Konfigurationen.<br>RAID | ○ | ↗ |
| 0827 | ✸ | Wieviel Speicher sollte eine RAM-Disk umfassen in Anbetracht und Vergleich der Kosten?<br>RAM-Disk | ○ | ↗ |

| 0828 | Welche Firmen haben wie hohes Lösegeld für Ransomware gezahlt?<br>Ransomware |
| 0829 | Was kostet ein gut ausgestatteter Raspberry-Pi-Computer?<br>Raspberry-Pi-Computer |
| 0830 | Erkläre das Pareto-Optimum mit Grundlage einer Recherche in der Wikipedia.<br>Rationalisierung |
| 0831 | Nach wie vielen Jahren sind E-Books keine Raubkopie mehr?<br>Raubkopie |
| 0832 | Erstelle ein Konzept für eine Single-Page-Webanwendung für die eigene Schule unter Einbezug der Verwendung von React JS.<br>React JS |
| 0833 | Gibt es andere Streaming-Protokolle? Welche?<br>Real-Time Streaming Protocol |
| 0834 | Wie heisst der Computer mit der schnellsten Rechenleistung im Lande?<br>Rechenleistung |
| 0835 | Worauf begründet sich ein Recht auf Verschlüsselung?<br>Recht auf Verschlüsselung |
| 0836 | Welche Rolle spielen Pepper und Salt für Regenbogentabellen?<br>Regenbogentabelle |
| 0837 | Wie funktioniert eine Wildcard-Suche.<br>Regulärer Ausdruck |
| 0838 | Zeichne eine Relais-Schaltung.<br>Relais |

| 0839 | Wie adressiert man einen Linux-Remote-Desktop?<br>Remote-Desktop | ○ ↗ |

| 0840 | Wie verhindern Noncen einen Replay-Attack?<br>Replay Attack | ○ ↗ |

| 0841 | Wird ein REPLEO automatisiert gesendet, spricht man von AutoCrypt. In welcher Applikation werden REPLEOs bzw. AutoCrypt genutzt?<br>REPLEO | ○ ↗ |

| 0842 | Welches Thema hat das neueste RFC? Zu welchem Thema sollte Deiner Meinung nach ein RFC geschrieben werden?<br>Request for Comments | ○ ↗ |

| 0843 | Beurteile die Sicherheit von RetroShare, wenn es statt Ende-zu-Ende-Verschlüsselung P2P-Verschlüsselung auf Vertrauens-Basis einsetzt?<br>RetroShare | ○ ↗ |

| 0844 | Reviewe auf Basis von Literatur die Sicherheit eines quell-offenen Chatsystems mit Verschlüsselung.<br>Review | ○ ↗ |

| 0845 | Rewind ist eine Vorstufe von TCP-E bzw. dem Steam- bzw. Vapor-Protokol. Worin unterscheidet Rewind sich von diesen?<br>Rewind | ○ ↗ |

| 0846 | Beschreibe, wenn alle Einkaufsprodukte im Supermarkt-Wagen ein RFID-Label tragen, warum an der Kasse noch eine Kassiererin benötigt wird, obwohl alle RFID-Plaketten gleichzeitig funken.<br>RFID | ○ ↗ |

| 0847 | RCS-Server werden von Google betrieben, kann man eigene RCS-Server federieren?<br>Rich Communication Services | ○ ↗ |

| 0848 | Benenne konkrete Maßnahmen in der IT, die eines richterlichen Beschlusses bedürfen.<br>Richterlichen Beschluss |
| 0849 | Finde eine lokale Firma, die Richtfunk einsetzt und beschreibe, welches Problem sie damit gelöst hat.<br>Richtfunk-Technik |
| 0850 | Welcher Hersteller von Robotern hat zuletzt in einem aktuellen Video seine Produkte demonstriert?<br>Roboter |
| 0851 | Schreibe das Wort "Lexikon" mit ROT13.<br>ROT13 |
| 0852 | Diskutiere, warum es nicht sinnvoll sein kann, Modem, Router und Firewall in einem Gerät zu haben?<br>Router |
| 0853 | Diskutiere, ob und inwieweit IPV6 das Routing reduzieren könnte und welche Auswirkungen für die Sicherheit hinter einem NAT bestehen.<br>Routing |
| 0854 | Betreiben Messaging Systeme basierend auf der Blockchain ein kryptographisches Routing?<br>Routing, kryptrographisches |
| 0855 | Wie sicher ist RSA, und welche Auswirkungen hat es bei TLS?<br>RSA |
| 0856 | Sammle RSS-Feeds in der Applikation Spot-On und deren Suchdatenbank: Was fällt auf?<br>RSS (Web-Feed) |
| 0857 | Wer aus welchen Fachrichtungen hat sich in der Literatur mit der Gummischlauch-Kryptoanalyse beschäftigt?<br>Rubber-hose cryptanalysis |

| 0858 | Das Rucksackproblem: Welche von fünf Gewichten 2x 1kg, 2kg, 10kg ,12kg) können in einem Beispiel in den Rucksack mit Maximallast von 15 kg gepackt werden, so dass der Geldwert maximal wird?<br>Rucksackproblem |
| 0859 | Welche Vorteile bietet S/MIME bei der E-Mail-Verschlüsselung gegenüber anderen Methoden?<br>S/MIME |
| 0860 | Welche Beispiele neben Salsa20 gibt es noch, bei denen ein Diskurs über Innovationen in der Verschlüsselung verboten wurde?<br>Salsa20 |
| 0861 | Worin unterscheidet sich Salz vom Pfeffer - kryptographisch gesehen?<br>Salt |
| 0862 | Diskutiere, wie die Schichten des SAM-Modells mit der Sicherheit der IT verbunden sind. Welche Schicht trägt besonders dazu bei?<br>SAM-Modell |
| 0863 | Ist ein Emulator eine Sandbox? Installiere eine oder einen solchen.<br>Sandbox |
| 0864 | Inwieweit haben Prozesse des Schachspiels mit Mathematik oder gar Kryptographie zu tun?<br>Schachbrett |
| 0865 | Benenne populäre Schadprogramme.<br>Schadprogramm |
| 0866 | Erkläre, wie else-if in Basic eine Schleife bilden kann.<br>Schleife |
| 0867 | Generiere und archiviere Deinen eigenen Schlüssel.<br>Schlüssel |

| 0868 | Welche weiteren Elemente sind neben asymmetrischen Schüsseln bei einer PKI gegeben? |
| | Schlüssel, asymmetrischer |

| 0869 | Wie können Schlüssel abgeleitet werden? Nenne zwei Beispiele. |
| | Schlüssel, derivativer (abgeleiteter) |

| 0870 | In welchen Konzepten und Prozessen (symmetrisch wie asymmetrisch) werden temporäre Schlüssel eingesetzt? |
| | Schlüssel, ephemeraler |

| 0871 | Ist der geheime Schlüssel ein privater Schlüssel? |
| | Schlüssel, geheimer / symmetrischer |

| 0872 | Warum besteht ein Interesse, öffentliche Schlüssel nicht öffentlich zu machen? |
| | Schlüssel, öffentlicher |

| 0873 | Sind private Schlüssel auf Geräten mit Internetanbindung noch sicher? Erläutere mögliche Zweifel. |
| | Schlüssel, privater |

| 0874 | Warum werden Secret Streams Schüssel nicht übertragen? |
| | Schlüssel, Secret Streams |

| 0875 | Inwieweit eliminierte die Derivative Kryptographie mit abgeleiteten Schlüssel den Schlüsselaustausch? |
| | Schlüsselaustausch |

| 0876 | Beschreibe ein Broadcast-Modell, das Schlüssel einer Gruppe zur Verfügung stellt. |
| | Schlüssel-Broadcast |

| 0877 | Erläutere Schlüssellänge und Schlüsselraum. |
| | Schlüssellänge |

| 0878 | ✺ | Wie managt der Server SmokeStack ihm anvertraute Schlüssel?<br>Schlüsselmanagement | ○ | ↗ |

| 0879 | ✺ | Wie stellen aus einem Verschlüsselungs-System ausgegliederte Schlüsselserver die Echtheit eines Schlüssels sicher?<br>Schlüsselserver | ○ | ↗ |

| 0880 | ✺ | Wenn ja, wie nutzt Argon2 eine Streckung des Schlüssels?<br>Schlüsselstreckung | ○ | ↗ |

| 0881 | ✺ | Warum stellt der Transport eines Schlüssels immer ein Problem dar und welche Lösungen gibt es dafür?<br>Schlüsseltransportproblem | ○ | ↗ |

| 0882 | ✺ | Welche Effekte werden Schmetterlingen zugeschrieben und wie werden diese in der Chaos-Forschung aufgegriffen?<br>Schmetterlingseffekt | ○ | ↗ |

| 0883 | ✺ | Unter welchen Umständen können Schnittstellen Überwachungen unterbinden?<br>Schnittstelle | ○ | ↗ |

| 0884 | ✺ | Wieviel RAM ist bei einem Computer heute idealerweise erforderlich?<br>Schreib-Lese-Speicher | ○ | ↗ |

| 0885 | ✺ | Zähle die Anzahl der Stühle in allen Unterrichtsräumen und bilde einen Durchschnitt. Wie viele Schüler finden i.d.R. platz?<br>Schubfachprinzip | ○ | ↗ |

| 0886 | ✺ | Wie geht man bei einer Schwachstellen-Analyse vor?<br>Schwachstellenanalyse | ○ | ↗ |

| 0887 | Über welche Parameter und Regeln müssen sich menschliche Gruppen verständigen, um in der Gruppe intelligente Entscheidungen treffen zu können, die der tierischen Schwarmintelligenz nahe kommen?<br>Schwarmintelligenz |
| 0888 | Untersuche die These, dass Sci-Hub russisch gefördert bzw. unterwandert sei, um das westliche Publikationssystem anzugreifen.<br>Sci-Hub |
| 0889 | Mit welchen Programmiersprachen beginnt ein Scriptkiddie in der Regel?<br>Scriptkiddie |
| 0890 | Stelle heraus, wie Scrum eine agile Methode umsetzt.<br>Scrum |
| 0891 | Welche Vorteile hat SCTP gegenüber QUIC?<br>SCTP |
| 0892 | Installiere das Android SDK mit Studio.<br>SDK |
| 0893 | Inwiefern ist CATAN Universe, die Online-Version der Siedler von Catan, mit Second Life vergleichbar und was lernt man dort?<br>Second Life |
| 0894 | Nach welchem einfachen Algorithmus-Konzept könnte auf Basis eines Socialist-Millionaire-Prozcess-(SMP)-Passwortes ein Forward Secrecy (Secret Streams) abgeleitet werden?<br>Secret Streams |
| 0895 | Die USA soll angeblich den Code für die Zündung von Atomwaffen aufgeteilt haben: Wie viele Personen sind erforderlich?<br>Secret-Sharing |

| 0896 | ✿ | Erläutere das Beispiel von Shamirs Secret Sharing.<br>Secret-Sharing, homomorphic | ○ ↗ |
|---|---|---|---|
| 0897 | ✿ | Wie spielen Security by Design und Security by Default zusammen?<br>Secure by Design | ○ ↗ |
| 0898 | ✿ | Was benöigt es, um einen Secure Channel zu bilden?<br>Secure Channel | ○ ↗ |
| 0899 | ✿ | Welche Alternative zu Secure Shell kann auch Grafik / den Bildschirm vom remoten Desktop übertragen?<br>Secure Shell | ○ ↗ |
| 0900 | ✿ | Wie können obscure Systeme Vertrauen bei den Nutzern gewinnen?<br>Security through Obscurity | ○ ↗ |
| 0901 | ✿ | Inwieweit und wann muss eine mögliche Seitenkanalattacke ein Element einer Schwachstellenanalyse sein?<br>Seitenkanalattacke | ○ ↗ |
| 0902 | ✿ | Was hat Semantik mit Syntax zu tun?<br>Semantik | ○ ↗ |
| 0903 | ✿ | Mit welchen Mitteln kann die Klient-Klient-Verbindungsschranke wie bei einem Klient-Server-Klient-Modell der Verbindung aufgehoben werden?<br>Server | ○ ↗ |
| 0904 | ✿ | Welche Applikationen nutzen Servents?<br>Server-less P2P | ○ ↗ |
| 0904 | ✿ | Ist es noch modern, über SIP zu telefonieren?<br>Session Initiation Protocol | ○ ↗ |
| 0905 | ✿ | Was ist zu vermuten, wenn große Geldgeber Technologie wie Session entwickeln?<br>Session Messenger | ○ ↗ |

| 0906 | ✿ | Inwiefern ist SHA-3 sicherer als SHA-2?<br>SHA-2 | ○ | ↗ |
| 0907 | ✿ | Wo wird SHA-3 eingesetzt?<br>SHA-3 | ○ | ↗ |
| 0908 | ✿ | Um Shadowban zu erkennen, benötigt man zwei Accounts. Erläutere, in welchen Fällen dieses sinnvoll ist.<br>Shadowban | ○ | ↗ |
| 0909 | ✿ | Bezieht sich Shared Secret auch auf geheime Inhalte, oder nur auf Komponenten, die wieder in einen erneuten Verschlüsselungsprozess eingehen?<br>Shared Secret | ○ | ↗ |
| 0910 | ✿ | Fertige einen Screenshot von einer Shell.<br>Shell | ○ | ↗ |
| 0911 | ✿ | Was bedeutet es, wenn der Shor-Algorithmus eine polynomielle Laufzeit hat?<br>Shor-Algorithmus | ○ | ↗ |
| 0912 | ✿ | Prüfe, was Laptop-Folien kosten, die einen Seitenblick verzerren.<br>Shoulder Surfing | ○ | ↗ |
| 0913 | ✿ | Welche Protokolle für eine sichere Kommunikation sind bekannt und besonders sicher?<br>Sichere Kommunikation | ○ | ↗ |
| 0914 | ✿ | Kann die Sicherheit eines IT-Systems höher gestellt werden, als manche Rechte der Nutzer des gleichen IT-Systems?<br>Sicherheit | ○ | ↗ |
| 0915 | ✿ | Wer ist zu informieren, wenn eine Sicherheitslücke gefunden wurde?<br>Sicherheitslücke | ○ | ↗ |

| 0916 | ✸ | Erläutere den Not-Aus-Schalter, ist er ein Sicherheitssystem?<br>Sicherheitssystem | ○ ↗ |

| 0917 | ✸ | Erstelle ein Sieb für unterhalb der 25. Primzahl.<br>Sieb des Eratosthenes | ○ ↗ |

| 0918 | ✸ | Über welche Signaltechnik wird der Mars erreicht?<br>Signal | ○ ↗ |

| 0919 | ✸ | Vermute, warum der Signal-Messenger eine Telefonnummer zur Registrierung benötigt.<br>Signal Messenger | ○ ↗ |

| 0920 | ✸ | Worin unterscheidet sich das Signal-Protokoll vom Double-Ratchet-Verfahren?<br>Signal-Protokoll | ○ ↗ |

| 0921 | ✸ | In welchen Bereichen wird eine verleugnungsfähige Signatur eingesetzt?<br>Signatur, abstreitbare, verleugnungsfähige | ○ ↗ |

| 0922 | ✸ | Welche Rolle spielen digitale Signaturen für Key-Server?<br>Signatur, digitale | ○ ↗ |

| 0923 | ✸ | In welcher Region läge das deutsche Silicon Valley?<br>Silicon Valley | ○ ↗ |

| 0924 | ✸ | Welche Eigenschaften hat SimpleX vom Messenger Smoke übernommen?<br>SimpleX Messenger | ○ ↗ |

| 0925 | ✸ | Chatverläufe zu überwachen wird mit der Simulaca-Funktion in der Applikation Spot-On schwieriger: Inwieweit könnte KI in Zukunft simulierte Chatverläufe in die Übertragung von verschlüsseltem Chat einbauen, um die Analyse zu erschweren?<br>Simulacra | ○ ↗ |

| 0926 | Nimmt die Bequemlichkeit von Single Sign-on Sicherheit weg oder ist es gleichgültig, ob für verschiedene System auch verschiedene Passworte zu nutzen sind?<br>Single Sign-on | ○ ↗ |
| 0927 | In wie vielen Landes-Wikipedia-Seiten wird der SIP-Hash beschrieben?<br>SIP-Hash | ○ ↗ |
| 0928 | Wann sollte eine Sitzung serverseitig und wann klientenseitig gespeichert werden?<br>Sitzung | ○ ↗ |
| 0929 | Welche kürzeren Zeiteinheiten kennt eine Sitzung, um dafür Schlüssel statt eines Sitzungsschlüssels zu übertragen?<br>Sitzungsschlüssel | ○ ↗ |
| 0930 | Welche Lebensbereiche sind heute ohne Smartphone nicht mehr gestaltbar?<br>Smartphone | ○ ↗ |
| 0931 | Warum und inwiefern sind Aliases eine gute Schlüssel-Austausch-Methode?<br>Smoke Aliases for Key Exchange | ○ ↗ |
| 0932 | Entwickle ein Konzept, um die Benutzeroberfläche von Smoke entsprechend Deinen Bedürfnissen zu gestalten.<br>Smoke Crypto Chat Messenger | ○ ↗ |
| 0933 | Wie viele Chat-Teilnehmer kann der SmokeStack Server handlen?<br>SmokeStack-Server | ○ ↗ |
| 0934 | Erläutere den SMP-Prozess anhand einer Grafik.<br>SMP | ○ ↗ |
| 0935 | Welche weiteren Arten des Cryptographischen Callings gibt es neben SMP-Calling?<br>SMP-Calling | ○ ↗ |

| 0936 | Welche Programme zielen darauf ab, SMS zu verschlüsseln?<br>SMS |
| 0937 | Installiere einen einfachen SMTPS-Server.<br>SMTPS |
| 0938 | Welchen weiteren Trojaner für Smartphones sind neben Smurfs bekannt?<br>Smurfs |
| 0939 | Was steht in den Snowden-Papieren und was haben sie verändert?<br>Snowden-Papiere |
| 0940 | Welche Verschlüsselung nutzt Socat?<br>Socat |
| 0941 | Welche Social Collaboration Tools bestehen im Hinblick auf die Zusammenarbeit in Projekten?<br>Social Collaboration Tools |
| 0942 | In welcher Situation hast Du Dich geärgert, nach einem Dialog einen andere oder zusätzliche Entscheidung getroffen zu haben, als eigentlich gewollt?<br>Social Engineering |
| 0943 | Wie ist IPV6 für Sockets in die RFC 1928 eingeflossen?<br>SOCKS (Sockets) |
| 0944 | Wieviel Geld sollte man für Software beim Kauf eines Computers investieren?<br>Software |
| 0945 | Wie viele Jahre unterstützen die großen Software-Anbieter in der Regel ein Software-Release?<br>Software-Life-Cycle |

| 0946 | Bei welchem digitalen oder kryptographischen Prozess kann man sagen, dass dieser souverän aus dem eigenen Land kommt?<br>Souveränität, digitale, kryptographische | ○ ↗ |

| 0947 | Welche Auswirkungen kann es für die Demokratie haben, wenn jeder in sozialen Medien ein Sender sein kann?<br>Soziales Medien | ○ ↗ |

| 0948 | Was muss in sozialen Netzwerken gegeben sein, dass man auch neue Leute in Real kennen lernen kann?<br>Soziales Netzwerk | ○ ↗ |

| 0949 | Erläutere, wie viele Punkte man für welche falsche Verhaltenweise im Sozialkredit-System in China einbüßen muss, dort wo es etabliert ist..<br>Sozialkredit-System | ○ ↗ |

| 0950 | Wie gehst Du bzw. wie geht die Technik in Deinem E-Mail-Postfach mit Spam um?<br>Spam | ○ ↗ |

| 0951 | Wie viele Prozesse laufen im Sinne eines Speicherschutzes im RAM Deines Betriebssystems getrennt voneinander? Indexiere alle Prozesse.<br>Speicherschutz | ○ ↗ |

| 0952 | Prüfe, ob der Spike-Chat quell-offen ist.<br>Spike-Chat | ○ ↗ |

| 0953 | Was sind die Motive von Landesverrat und Spionage?<br>Spionage | ○ ↗ |

| 0954 | Was unterscheidet splitted von shared Secret?<br>Splitted Secret | ○ ↗ |

| 0955 | Richte mit Spot-On einen Echo-Server ein und chatte darüber.<br>Spot-On Encryption Suite | ○ ↗ |

| 0956 | Was bedeutet die Abkürzung SECRED beim kryptographsichen Discovery mit dem Springkling Effekt und wie kann man sich "Entdeckungen" vorstellen?<br>Sprinkling Effect |
| 0957 | Kann die Aktivität von Spyware mit einer Firewall unterbunden werden?<br>Spyware |
| 0958 | Öffne eine SQLite-Datenbank und schaue Dir die Inhalte an.<br>SQLite |
| 0959 | Sollte der Online-Chat von sozialen Bewegungen angesichts des Programmes Squeaky Dolphin verschlüsselt sein? Was spricht dafür, was spricht dagegen?<br>Squeaky Dolphin |
| 0960 | Was lässt sich zum Einsatz von SRTP in der IP-Telephonie sagen?<br>SRTP |
| 0961 | In welcher Version ist der SRWare Iron Browser identisch mit dem aktuellen Chrome Browser Release?<br>SRWare Iron |
| 0962 | Benenne die Hersteller von Staatstrojanern: Wie viele Mitarbeiter haben diese Firmen?<br>Staatstrojaner |
| 0963 | Nenne Stammdaten von Patienten, die personenbezogene Daten sind.<br>Stammdaten |
| 0964 | Was ist bei der inhaltlichen Anlage eines Verzeichnisses zu beachten? Gibt es Regeln, wenn mehrere Personen damit arbeiten sollen?<br>Stammverzeichnis |

| 0965 | ✲ | Was sind die sieben Gewährleistungsziele des Standard-Datenschutzmodells?<br>Standard-Datenschutzmodell | ○ | ↗ |

| 0966 | ✲ | Ermittle die Standortdaten Deiner Schule.<br>Standortdaten | ○ | ↗ |

| 0967 | ✲ | Was unterscheidet den Pufferüberlauf vom Stapelüberlauf?<br>Stapelüberlauf | ○ | ↗ |

| 0968 | ✲ | Übertrage eine Datei mit StarBeam.<br>StarBeam | ○ | ↗ |

| 0969 | ✲ | Was kennzeichnet die Stasi 2.0?<br>STASI / Stasi 2.0 | ○ | ↗ |

| 0970 | ✲ | Inwieweit sind die Protokolle Steam und Vapor mit TCP vergleichbar? Was unterscheidet sie?<br>Steam / Vapor Protocol | ○ | ↗ |

| 0971 | ✲ | Finde ein ideales Trägermedium, um darin Chiphertext oder Klartext quasi unsichtbar zu integrieren.<br>Steganographie | ○ | ↗ |

| 0972 | ✲ | Was unterscheidet die Stromverschlüsselung von der Blockverschlüsselung?<br>Stromverschlüsselung | ○ | ↗ |

| 0973 | ✲ | Was sagt die Norm DIN 66261 zum Struktogramm?<br>Struktogramm | ○ | ↗ |

| 0974 | ✲ | Wer hat Stuxnet wie und mit welchen Ziel zu den Maschinen gebracht?<br>Stuxnet | ○ | ↗ |

| 0975 | ✲ | Entwerfe selbst einen einfachen Schlüssel und Substitutionsprozess, um Deinen Namen zu verschlüsseln.<br>Substitutions-Chiffre | ○ | ↗ |

| 0976 | Erstelle ein Konzept für eine Suchmaschine von Menschen mit gleichem Hobby wie man selbst es hat.<br>Suchmaschine |
| 0977 | Welche weiteren Linux-Befehle sollte man neben sudo kennen?<br>sudo |
| 0978 | Welche Programme habe eine höhere Funktionsvielfalt und sind daher eine Suite?<br>Suite |
| 0979 | In welchem Jahr waren die Supercomputer langsamer als ein Quantencomputer?<br>Super-Computer |
| 0980 | Daten-Pakete, die im Echo aus dem Knotenpunkt nicht wieder rausgeschickt wurden, gehören zum Postfach des Knotenpunktes. In welcher Konstellation ist es sinnvoll, mit dem Super-Echo immer alle Nachrichten wieder herauszusenden?<br>Super-Echo |
| 0981 | Diskutiere und schätze ein, ob ein regelmäßiges Löschen der Cookies ausreicht, oder aufgrund weiterer Tacking-Mechanismen es erfoderlich ist, den Browser regelmäßig komplett neu zu installieren, um dem Monitoring des Surfverhaltens zu entgehen?<br>Surfverhalten |
| 0982 | Fertige eine SWOT-Analyse an für die strategische Weiterentwicklung einer App.<br>SWOT |
| 0983 | Wer betreute SYCAMORE?<br>SYCAMORE |
| 0984 | Wie sähe ein Ablauf aus, wenn das symmetrische Calling interaktionsfrei sein sollte?<br>Symmetric Calling |

| 0985 | Wenn beide Chat-Partner auf ihrer Seite ein neues Passwort ableiten wollen, welche Anforderungen an Synchronität bestehen dann, damit es auf beiden Seiten gleich ist?<br>synchron |
| 0986 | Nenne eine Syntax-Regel für eine formale Programmiersprache.<br>Syntax |
| 0987 | Erstelle ein Stammdaten-Formular in einer Tabellenkalkulation mit personenbezogenen Daten.<br>Tabellenkalkulation |
| 0988 | Finde Gründe, warum Tablets keine wechselbaren Akkus haben.<br>Tablet |
| 0989 | Verschlüssele Deinen Namen mit einer Tabula recta und beschreibe den Algorithmus.<br>Tabula Recta |
| 0990 | Welche Maßnahmen umfassen Tailored Access Operations?<br>Tailored Access Operations |
| 0901 | Was bedeutet Amnesie im medizinsichen?<br>Tails |
| 0902 | Beschreibe wann und wie Harry Potter eine Tarnkappen-Technik eingesetzt hat.<br>Tarnkappen-Technik |
| 0903 | Finde eine Tastatur-Software für eine virtuelle Onscreen-Tastatur.<br>Tastatur |
| 0904 | Erläutere die Unterschiede von IPV4 und IPV6.<br>TCP/IP |

| 0905 | Welche Vorteile bietet es, TCP auf Basis des Echos abzubilden?<br>TCP-E |
|---|---|

| 0906 | Definiere Besprechungspunkte zur Technikfolgenabschätzung des Einsatzes von Gesichtserkennungs-Software.<br>Technikfolgenabschätzung |
|---|---|

| 0907 | Fass in einem Referat zur Techniksoziologie zusammen, wo und wie neue Technik die Gesellschaft verändert hat.<br>Techniksoziologie |
|---|---|

| 0908 | Welche technologischen Erfindungern werden nicht kommerziell oder industriebezogen eingesetzt?<br>Technologie |
|---|---|

| 0909 | Welche Auflagen haben Telekommunikationsdienstleister mit dem Telekommunikationsgesetz?<br>Telekommunikationsgesetz |
|---|---|

| 0910 | Worin unterscheidet sich die Telekommunikationsüberwachung von der Quellen-TKÜ?<br>Telekommunikationsüberwachung |
|---|---|

| 0911 | Kann eine Firewall nach innen verhindern, dass Telemetriekanäle aufgebaut werden?<br>Telemetrie |
|---|---|

| 0912 | Optische Kabel im Einsatz für zuhause kommen Glasfaserkabeln nahe. Gibt es für sie Y-Weichen?<br>Tempora |
|---|---|

| 0913 | Rufe ein Terminal unter Linux auf.<br>Terminal |
|---|---|

| 0914 | Stelle Kriterien auf, nach der eine Software getestet werden kann.<br>Testen |
|---|---|

| 0915 | Teste, ob ein Scanner mit einer ORC Software Deine Schrift in Text umwandeln kann.<br>Texterkennung | ○ ↗ |
| 0916 | Nutze eine Textverarbeitung und erstelle einen Serienbrief.<br>Textverarbeitung | ○ ↗ |
| 0917 | Sollten Raubkopien, die unterhalten, mehr verboten sein, als Raubkopien, die bilden?<br>The Pirate Bay | ○ ↗ |
| 0918 | Nenne einen Satz, der wahr ist, so dass er zu einem bekannten Theorem wurde.<br>Theorem | ○ ↗ |
| 0919 | Liste alle Cookies einer Webseite, die von Third-Party-Fremdanbietern kommen.<br>Third Party | ○ ↗ |
| 0920 | Was ist über die Hashfunktion Skein bekannt?<br>Threefish | ○ ↗ |
| 0921 | Was kostet Threema OnPrem und wie erlernt man es?<br>Threema | ○ ↗ |
| 0922 | Sammle alle Gründe, warum TikTok in einigen Staaten verboten ist.<br>TikTok | ○ ↗ |
| 0923 | Wie hoch ist der Hopzähler TTL in einem Echo-Netzwerk? Vergleiche es mit einem Gnutella-Netzwerk.<br>Time to live | ○ ↗ |
| 0924 | Diskutiere Effizienz bei mobilen Geräten anhand eines Time-Memory-Tradeoffs.<br>Time-Memory Tradeoff | ○ ↗ |
| 0925 | Was quantifiziert Zeit?<br>Timing | ○ ↗ |

| 0926 | ✤ | **Welche weiteren Block-Chiffren sind neben TEA bekannt?**<br>Tiny Encryption Algorithm | ○ ↗ |

| 0927 | ✤ | **Wie werden transparente Proxies bei der TLS-Interception eingesetzt, um HTTPS aufzubrechen?**<br>TLS-Interception | ○ ↗ |

| 0928 | ✤ | **Vergleiche das CC-Not Gate mit einem XOR-Gate.**<br>Toffoli Gate | ○ ↗ |

| 0929 | ✤ | **Nutze eine Datei als Token bei VeraCrypt, um einen Container zu mounten.**<br>Token / kryptographischer Token | ○ ↗ |

| 0930 | ✤ | **Erläutere Top-Down und Bottom-Up-Designs in der Software-Entwicklung.**<br>Top-Down- und Bottom-Up-Design | ○ ↗ |

| 0931 | ✤ | **Erläutere, mit welchen Meldungen Tor mit dem Darknet in Verbindung ist.**<br>Tor / Tor-Netzwerk / Tor-Browser | ○ ↗ |

| 0932 | ✤ | **Welches Portal bietet Torrents von quell-offenen Programmen an?**<br>Torrent / Crypto-Torrents | ○ ↗ |

| 0933 | ✤ | **Worin besteht die Transformation der Kryptographie seit dem Aufkommen der Quanten-Computer?**<br>Transformation der Kryptographie | ○ ↗ |

| 0934 | ✤ | **Rechtfertigt das Kunstergebnis einer Transformation das Urheberrecht zu vernachlässigen?**<br>Transformative fair use | ○ ↗ |

| 0935 | ✤ | **Welchen Algorithmus setzt TLS ein und in welchen Schritten?**<br>Transport Layer Security | ○ ↗ |

| 0936 | ✺ | Zeichne den Vorteil einer Ende-zu-Ende-Verschlüsselung gegenüber einer Punkt-zu-Punkt-Verschlüsselung in verschiedenen Stationen.<br>Transportverschlüsselung | ◯ ↗ |

| 0937 | ✺ | Was unterscheidet Substitutions-Prozesse von Transpositions-Prozessen in der Kryptographie?<br>Transpositions-Chiffre | ◯ ↗ |

| 0938 | ✺ | Bei welchem Provider erhält man unkompliziert Trash-Adressen?<br>Trash-Adresse | ◯ ↗ |

| 0939 | ✺ | Beschreibe bildlich den Sinn des Konzeptes von Trepidation of Memory, welche Rolle die Zuordnung von Schlüsselpaaren im Zeitverlauf für die Sicherheit haben kann.<br>Trepidation of Memory | ◯ ↗ |

| 0940 | ✺ | Frage eine bildgebende KI, ob sie einen Trojaner zeichnen kann.<br>Trojanisches Pferd / Trojaner | ◯ ↗ |

| 0941 | ✺ | Versuche herauszufinden, ob sich ein TrueCrypt Container heute noch von VeryCrypt öffen lässt, und falls nicht, warum?<br>TrueCrypt | ◯ ↗ |

| 0942 | ✺ | Berichte über die Konfigurationsanforderungen von TureNAS.<br>TrueNAS | ◯ ↗ |

| 943 | ✺ | Trusted Computing bezieht sich vorwiegend auf eine vertrauensbasierte Hardware- und Software-Umgebung, während eine Trusted Execution Environment auch unerwünschte Upload-Kanäle unterbinden will. Wie können ausgehende Kanäle unterbunden werden?<br>Trusted Computing | ◯ ↗ |

| 0944 | Diskutiere die Maßnahme, eine Trusted Execution Environment für die Konversion von Ciphertext zu erstellen, indem der Computer niemals an das Internet angeschlossen wird, um unerwünschte Upload-Kanäle zu unterbinden. Welche Transfermethoden von Ciphertext <br> Trusted Execution Environment | ○ ↗ |

| 0945 | Können e-SIMs in einem Trusted-Platform-Module-(TPM)-Chip gespeichert werden? <br> Trusted Platform Module | ○ ↗ |

| 0946 | Damit ein Versand von Telemetrie-Daten, von Überwachungs-Daten bzw. der Traffic eines zweiten Kanals nicht auffällt, kann dieses in einem anderen verschlüsselten Kanal einer nicht quelloffenen Applikation getunnelt und verkapselt werden? <br> Tunnel, Tunneling, Tunnelung | ○ ↗ |

| 0947 | Finde und bewerte Bilder von der Turing-Bombe. <br> Turing-Bombe | ○ ↗ |

| 0948 | Was unterscheidet eine Turing-Maschine von einem Raspberry-Pi? <br> Turingmaschine | ○ ↗ |

| 0949 | Was sind Unterschiede und Parallene zum Aufbau der Testung im Ali Baba Cave? <br> Turing-Test | ○ ↗ |

| 0950 | Wie ist ein Time-to-Live (TTL) bei einem Turnschuhnetzwerk einzuschätzen? <br> Turnschuhnetzwerk | ○ ↗ |

| 0951 | Welche Forscher haben zum Turtle-Hopping beigetragen? <br> Turtle-Hopping | ○ ↗ |

| 0952 | Erläutere an einem Zeitstrang, wie Blockchiffren sich abgelöst haben und aufeinander gefolgt sind. <br> Twofish | ○ ↗ |

| | | |
|---|---|---|
| 0953 | Wie kann das Eigentum an einem öffentlichen Schlüssel überprüft werden?<br>Überprüfung des Eigentums an öffentlichen Schlüsseln | ○ ↗ |
| 0954 | Wo hilft Überwachung der Gesellschaft und wo nicht?<br>Überwachung | ○ ↗ |
| 0955 | Lese das Buch 1984 und erläutere die Aufgaben und das Ziel der Gedankenpolizei.<br>Überwachung, totale | ○ ↗ |
| 0956 | Analysiere, was in einer ersten Überwachungsgesamtrechnung "berechnet" wurde.<br>Überwachungsgesamtrechnung | ○ ↗ |
| 0957 | Welche Überwachungsmechanismen sind wirtschaftlich besonders lukrativ?<br>Überwachungskapitalismus | ○ ↗ |
| 0958 | Welche Freiheiten gewährt ein Überwachungsstaat, welche nicht?<br>Überwachungsstaat | ○ ↗ |
| 0959 | Recherchiere, wann er nächste Ubuntu-User-Stammtisch in Deiner Region stattfindet.<br>Ubuntu | ○ ↗ |
| 0960 | Beschreibe Einsatzzwecke von UDP, wo auf eine genauere Verbindungsorientierung verzichtet werden kann.<br>UDP | ○ ↗ |
| 0961 | Was kennzeichnet UEFI?<br>UEFI | ○ ↗ |
| 0962 | Lade die Zeichen von Unicide in einem Datensatz herunter.<br>Unicode | ○ ↗ |

| 0963 | Beschreibe die Historie von Unix.<br>Unix | ○ ↗ |

| 0964 | Welche Straftten könnten im bzw. über das Internet ausgeübt werden?<br>Unschuldsvermutung | ○ ↗ |

| 0965 | Wieviel Anteil machen Tablets als Unterhaltungselektronik heute an der "Henkelware"?<br>Unterhaltungselektronik | ○ ↗ |

| 0966 | Welche Gefahren gehen von Overblocking und dem Einsatz von Upload-Filtern aus?<br>Upload-Filter | ○ ↗ |

| 0967 | Warum kann nicht alles gemeinfrei sein? Sollten Produktionen mit öffentlichen Geldern gemeinfrei sein, wie Spielfilme im öffentlichen Rundfunk / Fernsehen?<br>Urheberrecht | ○ ↗ |

| 0968 | Welche Ergänzungen brachte Magnet zu URI?<br>URI | ○ ↗ |

| 0969 | Gibt es eine Verpflichtung, URLs nicht nur als Hash oder Nummer darzustellen, sondern auch mit lesbaren Stichworten der Webseite zu bilden? Welche Vorteile hat eine URL mit Stichworten?<br>URL | ○ ↗ |

| 0970 | Welche Filterkriterien können im URL-Distiller der P2P Websuche der Applikation Spot-On eingestellt werden?<br>URL-Distiller | ○ ↗ |

| 0971 | Nenne ein Beispiel einer URN.<br>URN | ○ ↗ |

| 0972 | Wie lange halten USB-Sticks die Daten, bevor sie defekt gehen?<br>USB-Stick | ○ ↗ |

| 0973 | Berechne, ob der Möglichkeitsraum einer UUID ausreichen würde, um jeden Menschen der Erde mit einer Menschennummer zu kennzeichnen.<br>UUID | ○ ↗ |

| 0974 | Inwieweit können abgeleitete asymmetrische Schlüssel auch Vanishing Fingerprints sein?<br>Vanishing Fingerprints | ○ ↗ |

| 0975 | Prüfe, ob VeraCrypt auch heute noch das aktuelle Windows-Betriebssystem verschlüsseln kann.<br>VeraCrypt | ○ ↗ |

| 0976 | Wie kann Verbrauch oder eine Nutzung reduziert werden, um Ressourcen zu sparen? Finde Beispiele.<br>Verbraucher | ○ ↗ |

| 0977 | Findet Vergesellschaft bei sozialem Dialog über das Internet statt? Nenne Dialog-Plattformen und inhaltliche Beispiele, bei der ein Individuum vergesellschaftet wird.<br>Vergesellschaftung | ○ ↗ |

| 0978 | Welche Internet-Netiquette sollte am meisten auch in Organisationen gelten? Warum?<br>Verhaltenskodex | ○ ↗ |

| 0979 | Wie kann man sich heute telefonisch authentifizieren. Ist dann auch eine Verifikation gegeben?<br>Verifikation | ○ ↗ |

| 0980 | Wie wird im HTML-Code eine Verknüpfung eingefügt?<br>Verknüpfung | ○ ↗ |

| 0981 | Wie vermascht Freifunk sein Netz und mit welchem Protokoll?<br>Vermaschtes Netz | ○ ↗ |

| 0982 | Wie ist bei einer Verschiebe-Chiffre zu verschieben?<br>Verschiebe-Chiffre |
|---|---|

| 0983 | Welcher Messenger setzt verschlüsselte Container ein?<br>Verschlüsselte Container |
|---|---|

| 0984 | Warum benötigt der Bürger heutzutage Verschlüsselung?<br>Verschlüsselung |
|---|---|

| 0985 | An welchen Algorithmen bzw. Konzepten zur abstreitbaren, verneinbaren Verschlüsselung forscht die Wissenschaft, um aus einem Ciphertext mit zwei Schlüsseln je einen klar lesbaren Text zu erhalten?<br>Verschlüsselung, abstreitbare verneinbare |
|---|---|

| 0986 | Wie wenden zwei Chat-Partner öffentlichen und privaten Schlüssel zum Austausch einer asymmetrisch verschlüsselten Nachricht an?<br>Verschlüsselung, asymmetrische |
|---|---|

| 0987 | Sammle von allen Menschen in Deiner Gruppe den Schlüssel ein, um mit ihnen Ende-zu-Ende verschlüsselt kommunizieren zu können: In welchem Kontakte-Buch können die Schlüssel gespeichert werden?<br>Verschlüsselung, Ende-zu-Ende (E2E) |
|---|---|

| 0988 | Die exponentielle Verschlüsselung bezieht sich auf Schlüssel und Entschlüsselungsversuche in einem Flooding-Netzwerk wie dem Echo: Zeichne einen Graphen und berechne, wie viele Hops und Schlüssel und Pakete pro Hop eine Wahrscheinlichkeit ergeben, mit ein<br>Verschlüsselung, exponentielle |
|---|---|

| 0989 | ✿ | Erkläre die Nützlichkeit einer homomorphen Verschlüsselung, wenn es um die Suche in einer Datenbank mit ausschließlich abgelegten Ciphertext geht.<br>*Verschlüsselung, homomorphe* | ○ ↗ |

| 0990 | ✿ | Wenn Langzeit-Schlüssel mit temporären Schlüsseln kombiniert werden, ist das dann eine hybride Verschlüsselung? Oder welche zusätzlichen Gestaltungen können noch hinzukommen?<br>*Verschlüsselung, hybride* | ○ ↗ |

| 0991 | ✿ | Wie können Klienten ihre Schlüssel vor den Servern schützen?<br>*Verschlüsselung, klientenseitige* | ○ ↗ |

| 0992 | ✿ | Sollten XMPP-Server die Verbindung abwerfen, wenn die Verschlüsselung nur opportun ist, also per Fallback auf eine nicht-verschlüsselte Verbindung zurückfällt?<br>*Verschlüsselung, opportunistische* | ○ ↗ |

| 0993 | ✿ | Ist Ende-zu-Ende-Verschlüsselung nicht besser als Punkt-zu-Punkt-Verschlüsselung, so dass die Punkt-zu-Punkt-Verschlüsselung als nicht adequat zu ächten wäre?<br>*Verschlüsselung, Punkt-zu-Punkt* | ○ ↗ |

| 0994 | ✿ | Wie wird das Risiko des Bekanntwerdens eines symmetrischen Schlüssels minimiert?<br>*Verschlüsselung, symmetrische* | ○ ↗ |

| 0995 | ✿ | Volatile Verschlüsselung setzt auf verschiedene Einflüsse und Optionen in der Verschlüsselung, so dass bei der Entschlüsselung es nicht ganz eindeutlig ist, das Rad zurück zu drehen. Welche volatilen Elemente sind gemeint?<br>*Verschlüsselung, volatile* | ○ ↗ |

| 0996 | | Welche Protokolle zur Verschlüsselung umfassen auch den Austausch eines Schlüssels und welche Protokolle sind frei davon?<br>Verschlüsselungs-Protokoll | ○ | ↗ |

| 0997 | | Warum sollte Verschlüsselungs-Software immer open-source sein?<br>Verschlüsselungs-Software | ○ | ↗ |

| 0998 | | Wie heisst die verteilte Hashtabelle, die eMule nutzt?<br>Verteilte Hashtabelle | ○ | ↗ |

| 0999 | | Mit welchen anderen Prinzipien der IT steht Vertraulichkeit in Beziehung?<br>Vertraulichkeit | ○ | ↗ |

| 1000 | | Wähle eine Datei-Verzeichnis und erstelle einen elektronischen Index dazu.<br>Verzeichnis | ○ | ↗ |

| 1001 | | Führe eine Video-Gespräch über einen BigBlueButton-Server.<br>Video-Dienst | ○ | ↗ |

| 1002 | | Fertige eine SWOT-Analyse an für die strategische Verbesserung von Peertube.<br>Videoplattform | ○ | ↗ |

| 1004 | | Diskutiere Vor- und Nachteile der Videoüberwachung.<br>Videoüberwachung | ○ | ↗ |

| 1004 | | Die Beaufort-Chiffre ist eine Variante der Vigenère-Chiffre - Worin besteht der Unterschied?<br>Vigenère-Chiffre | ○ | ↗ |

| 1005 | | Beschreibe die Prozedur, eine E-Mail-Institution im Echo zu erstellen und vergleiche den Aufwand mit der Installation eines E-Mail-Servers via SMTP und IMAP/POP3. Was ist einfacher?<br>Virtual E-Mail Institution | ○ | ↗ |

| 1006 | Finde heraus, wie man die In-Application-Tastatur für den Login in den Messenger GoldBug aufruft und was sie von einer Onscreen-Tastatur unterscheidet.<br>Virtual Keyboard | ○ ↗ |

| 1007 | Vergleiche die Preise, Anzahl Server und Features wie Port Forwarding von VPN-Anbietern.<br>Virtual Private Network | ○ ↗ |

| 1008 | Facebook hat seine Holding Meta gegründet, um auch Virtual Reality zu fördern - was ist seither passiert?<br>Virtual Reality | ○ ↗ |

| 1009 | Ist ein hardwarebasierter VPS noch eine virtuelle Maschine?<br>Virtuelle Maschine | ○ ↗ |

| 1010 | Unter welchen Bedigungen ist nach neuesten Urteilen eine Vorratsdatenspeicherung möglich?<br>Vorratsdatenspeicherung | ○ ↗ |

| 1011 | Wie erhält man eine wirklich zufällige Reihe an Zeichen für eine One-Time-Pad?<br>Wahrscheinlichkeitstheorie | ○ ↗ |

| 1012 | Welcher Kopierschutz einer Software kann heute noch geknackt werden?<br>Warez | ○ ↗ |

| 1013 | Erläutere, warum der Kanarienvogel ein Symbol für gerichtliche Vorladungen und damit nicht mehr gültige Sicherheitsversprechen ist.<br>Warrant Canary | ○ ↗ |

| 1014 | Was unterscheidet das Wasserfallmodell im Projektmanagement von einer agilen Vorgehensweise wie nach der Scrum-Methode?<br>Wasserfallmodell | ○ ↗ |

| 1015 | ⚙ | Finde einen Laptop, dessen Webcam man schliessen kann.<br>Webcam | ○ | ↗ |
| 1016 | ⚙ | Welche Nachteile hat eine über ein Web-of-Trust abgesicherte Verschlüsselung gegenüber einer Ende-zu-Ende-Verschlüsselung, z.B. am Exempel des Netzwerkes RetroShare?<br>Web-of-Trust | ○ | ↗ |
| 1017 | ⚙ | Was unterscheiden die Server von WebRTC von einem BigBlueButton-Server für Videoübertragung?<br>WebRTC | ○ | ↗ |
| 0000 | ⚙ | Erstelle eine One-Page-Webseite für ein Geschäft, mit dem Du selbständig sein möchtest.<br>Webseite | ○ | ↗ |
| 1018 | ⚙ | Was sind für Komponenten erforderlich, um eine Webseite über einen Freund bzw. auch dessen Freunde zu laden, mit dem man einen gesicherten GPG-Kanal etabliert hat?<br>Websurfing via GPG | ○ | ↗ |
| 1019 | ⚙ | Auf welche Daten greift Whatsapp bei den Nutzern zu?<br>WhatsApp | ○ | ↗ |
| 1020 | ⚙ | Was besagt das Hinweisgeberschutzgesetz? Würde es auch Edward Snowden betreffen, wäre er heute in Deutschland?<br>Whistleblower | ○ | ↗ |
| 1021 | ⚙ | Was unterscheidet das WAN vom LAN?<br>Wide Area Network | ○ | ↗ |
| 1022 | ⚙ | Wie können mit der Wide-Lanes Funktion in der Applikation Spot-On Beschränkungen aufgehoben und Kapazitäten in verschlüsselen Kanälen zugewiesen werden?<br>Wide Lanes | ○ | ↗ |

| 1023 | | Stelle den Lebenslauf des Gründers von WikiLeaks dar.<br>WikiLeaks | ○ | ↗ |

| 1024 | | Welche Perspektiven bietet KI, die Artikel der Wikipedia in allen Sprachen in gleicher Länge ausführlich und harmonisiert zu erstellen?<br>Wikipedia | ○ | ↗ |

| 1025 | | Welche Handungen des Wirtschaftens kennt die IT?<br>Wirtschaft | ○ | ↗ |

| 1026 | | Womit befasst sich die Wissenschaft von der IT genau?<br>Wissenschaft | ○ | ↗ |

| 1027 | | Erstelle zu dem Thema eines Deiner Hobbies eine Wissensdatenbank, oder ein Konzept dafür: Was muss wie dort vorhanden sein?<br>Wissensdatenbank | ○ | ↗ |

| 1028 | | Finde von Deinem Standort aus den naheliegendsten freien WLAN-Zugang.<br>WLAN | ○ | ↗ |

| 1029 | | Warum wurde das Lernen im Begriff der Work-Life-Balance ergänzt? – Work-Life-Learn-Balance.<br>Work-Life-Learn-Balance | ○ | ↗ |

| 1030 | | Wie viele Wörter hat in der Regele in Wörterbuch? Und wie viele Variationen bzw. Zeichenergänzungen sind einzukalkulieren?<br>Wörterbuchangriff | ○ | ↗ |

| 1031 | | Was fällt beim Lesen der Spezifikation X.509 zur Erstellung von digitalen Zertifikaten auf?<br>X.509 | ○ | ↗ |

| | | | | |
|---|---|---|---|---|
| 0132 | ✿ | XKeyscore konnte Stichworte in Echtzeitdaten-Beständen finden. Was haben die 700 Server an Betriebskosten für Strom gekostet?<br>XKeyscore | ◯ | ↗ |
| 1033 | ✿ | Erstelle einen kurzen XML-Baum in einem Editor.<br>XML | ◯ | ↗ |
| 1034 | ✿ | Lese das XMPP-Manifest für Verschlüsselung und finde Server und Klienten, die es umgesetzt haben.<br>XMPP | ◯ | ↗ |
| 1035 | ✿ | Erkläre die Wahrheitstabelle von XOR.<br>XOR | ◯ | ↗ |
| 1036 | ✿ | Frage in der Schule, einen YaCy Knotenpunkt zu betreiben und bridge ihn per RSS in die Spot-On P2P-Websuche, deren Webinterface auf der Homepage eine Suche ermöglicht. Wiederhole die Konfiguration mit einem Filter im Spot-On URL-Distiller, so dass nur Web<br>YaCy | ◯ | ↗ |
| 1037 | ✿ | Unterscheide Yaos Millionärsproblem von dem sozialistischen Millionärsproblem.<br>Yaos Millionärsproblem | ◯ | ↗ |
| 1038 | ✿ | Welche Eigenschaften können Zahlen haben?<br>Zahlentheorie | ◯ | ↗ |
| 1039 | ✿ | Mit welchen technischen Mitteln soll Zensur umgangen werden?<br>Zensur (Informationskontrolle) | ◯ | ↗ |
| 1040 | ✿ | Diskutiere Vor- und Nachteile von zentralen Gestaltungsmechanismen gegenüber dezentralen.<br>Zentralismus | ◯ | ↗ |
| 1041 | ✿ | Erläutere einen Zero-Knowledge-Beweis anhand des Bildes einer Alibaba-Höhle.<br>Zero-Knowledge-Beweis | ◯ | ↗ |

| 1042 | Was sind Vor- und Nachteile von selbstsignierten, digitalen Zertifikaten und durch dritte Authoritäten bestätigte Zertifikate?<br>Zertifikat, digitales |
| 1043 | Welche CAs kennt Dein Browser und in welcher Stadt sitzen diese?<br>Zertifizierungsstelle (Dig. Zertifikate) |
| 1044 | Stelle die bisherigen Aufgaben, Leistungen und Ergebnisse der ZITIS zusammen, soweit bekannt.<br>ZITIS |
| 1045 | Wie, über welche Kanäle und mit welchen Tools kommunizieren Mitglieder der Schattenbiblithek Z-Library?<br>Z-Library |
| 1046 | Wie können zufällig Zahlen für eine Reihe von Zahlen ermittelt werden?<br>Zufall, Zufallszahl |
| 1047 | Sind zwei Zuffallsreihen, die miteinander ge-XOR-ed werden, ausreichend zufällig für eine kryptographisch benötigte Zufallszahlenreihe?<br>Zufallszahlengenerator, kryptographisch sicherer |
| 1048 | Forscher haben die Flüssigkeits-Blasen einer Java-Lampe in Zahlen übersetzt: Recherchiere diesen physikalischen Zufallsgenerator und beurteile, ob er zufällig genug ist.<br>Zufallszahlengenerator, Physikalischer |
| 1049 | Wie kann die Zahlenreihe eines deterministischen Zufallszahlengenerators in wirkliche Zufallszahlen transformiert werden?<br>Zufallszahlengenerator, Pseudo- |

| 1050 | ✿ | Nenne ein Beispiel, warum ein Schuldirektor im Schulnetz andere Berechtigungen haben sollte, als andere?<br>Zugriffsrecht | ○ | ↗ |
| 1051 | ✿ | Finde Bilder und Beschreibungen vom Zuse Z3.<br>Zuse Z3 | ○ | ↗ |
| 1052 | ✿ | Was definiert einen Zustand in der Physik?<br>Zustand | ○ | ↗ |
| 1053 | ✿ | Welche Vorteile oder Nachteile bietet die Zwangstrennung im Hinblick auf eine Vorratsdatenspeicherung`?<br>Zwangstrennung | ○ | ↗ |
| 1054 | ✿ | Muss bei der Zwei-Faktor-Authentisierung zwingend ein zweiter, differierender Kanal genutzt werden?<br>Zwei-Faktor-Authentisierung | ○ | ↗ |
| 1055 | ✿ | Zeichne einen sehnenvollen und sehnenlosen Kreis.<br>Zyklus (Graphentheorie) | ○ | ↗ |

# Auswertung

**Name:**_______________________________

**Datum:**_______________________________

|  | ✹ | ◯ | ↗ |
|---|---|---|---|
|  | **Kann ich** aus dem Stehgreif zu referieren. | Kenne ich **ein wenig,** muss ich nochmal **vertiefen.** | Ist **neu** für mich, erlerne ich noch und recherchiere dazu. |
| Anzahl: |  |  |  |

Selbstbewertung von fachlichen IT-Kompetenzen